Peter Koehler
Wolfgang List

Das Bahnbetriebswerk zur Dampflokzeit

W0067954

Titelfoto: Bw Saalfeld am 8. März 1977; auf der Drehscheibe 44 0397, auf Ausfahrt wartet 65 1088, rechts fährt 44 0324 mit einem Güterzug in Richtung Unter-Wellenborn aus. Seit Januar 1987 ist auch hier die Dampflokzeit Vergangenheit.

Foto: Berndt von Mitzlaff

Durchgesehene Lizenzausgabe
der Alba Publikation Alf Teloeken GmbH & Co. KG.
Düsseldorf, für die Bundesrepublik Deutschland,
Berlin (West), Österreich und die Schweiz.
© 1987 by transpress VEB Verlag für Verkehrswesen
Französische Straße 13/14, 1086 Berlin
Manuskript abgeschlossen: März 1986
Printed in the German Democratic Republic
ISBN 3-87094-216-9

Vorwort

Jahrzehntelang war der Besuch eines Bahnbetriebswerkes für den Eisen-
bahnfreund ein unerfüllbarer Wunsch. Das hat sich erst in unseren Tagen
geändert. Mit dem Ende des Dampflokomotiveinsatzes wird es aber zunehmend schwieriger, der heranwachsenden Generation von Freunden der
großen und kleinen Eisenbahn noch ein Bahnbetriebswerk für die Dampf-
lokomotivbehandlung vorzuführen. Für die Autoren gestaltete es sich zu
einem Problem, dazu ausreichend aussagefähiges Bildmaterial zu beschaf-
fen. Das Bahnbetriebswerk zur Dampflokzeit ist bereits Historie!
Um die Jahrhundertwende beförderten fast ausschließlich Dampflokomotiven
alle Arten von Zügen. Die zu jener Zeit benötigten Anlagen der Bahnbetriebswerke haben sich — wenn überhaupt — im wesentlichen unverändert
bis in unsere Tage erhalten. Den Autoren erschien es wichtig, das historische
Quellenmaterial weitestgehend aus zeitgenössischer Sicht einzuarbeiten, um
die Problemstellungen und Lösungsvarianten nach dem damaligen Erkennt-
nisstand darzulegen.
Die nachfolgenden Kapitel sollen aber auch das unbeachtete Wirken aller
jener Männer würdigen, die unter oft schwierigsten Bedingungen ihre
Pflicht taten.
Die Autoren bedanken sich bei allen Eisenbahnern, die dazu beitrugen, daß
die Bilder in diesem Buch noch einmal die Atmosphäre einer aussterbenden
Epoche der Eisenbahn widerspiegeln. Gemeinsam mit dem Verlag sind sie
dankbar für jeden kritischen Hinweis sowie für Ergänzungen und Berichti-
gungen.

Peter Koehler
Wolfgang List

Inhalt

1. Die Energieumwandlung

Das grundlegende Prinzip jeder Dampflokomotive beruht darauf, daß die in der Kohle enthaltene Energie durch den Verbrennungsprozeß in Wärme umgewandelt wird. Das Kesselspeisewasser nimmt diese Wärmeenergie auf und verdampft. Der hochgespannte Dampf als Energieträger wird den Zylindern der Dampfmaschinen zugeführt, und hier erfolgt die Umwandlung in mechanische Energie (Bewegung) durch die Entspannung.
Es bestehen zahlreiche direkte Zusammenhänge zwischen den Energieumwandlungen auf der Lokomotive sowie den dazu notwendigen Vorbereitungs- und Abschlußarbeiten im Bahnbetriebswerk. Um sie besser verstehen zu können, müssen zunächst die wesentlichen theoretischen Grundlagen kurz dargestellt werden.

Bild 1.1 **Sie braucht kein Bahnbetriebswerk mehr:** Bahnhof Weisen, 1981.   *Foto: Koehler*

1.1. Die Verbrennung

Durch die Verbrennung des Heizstoffs wird im Dampfkessel Wärmeenergie freigesetzt. Auf der Dampflokomotive spielt sich dieser Vorgang hauptsächlich in der Feuerbüchse ab.
Zur Einleitung eines Verbrennungsvorganges muß der zu verbrennende Stoff zunächst auf seine ihm eigene Entzündungstemperatur gebracht werden (Tabelle 1.1). Ist diese erreicht und genügend Sauerstoff vorhanden, läuft die Verbrennung bis zum Verbrauch der brennbaren

Tabelle 1.1 Entzündungstemperaturen
verschiedener Brennstoffe

Torf	225 °C	Anthrazit	über 440 °C
Braunkohle	250 bis 280 °C	Wasserstoff	etwa 530 °C
Fichtenholz	280 °C	Koks	550 bis 600 °C
Steinkohle	300 bis 400 °C	Kohlenoxid	etwa 610 °C

Bestandteile von allein weiter, da die Verbrennungstemperatur in der Regel wesentlich über der Entzündungstemperatur liegt.
Der benötigte Sauerstoff ist zu 21 Prozent in der Luft enthalten. Die außerdem in der Luft vorhandenen 79 Prozent Stickstoff sind unbrennbar und müssen als Ballast angesehen werden, weil der Stickstoff auf die Feuerraumtemperatur mit erwärmt werden muß. Bis zum Verlassen der Kesselanlage aus dem Schornstein kann er diese Wärme nicht wieder vollständig an den Kessel zurückgeben.
In den handbeschickten Feuerungen der Lokomotiven wurde etwa das 1,6fache der theoretisch benötigten Mindestluftmenge gebraucht, um eine vollkommene Verbrennung zu erreichen. Kohlenstoff als Hauptbestandteil der Steinkohle benötigt bis zur vollkommenen Verbrennung

je kg etwa 2,67 kg Sauerstoff, mit dem er dann zu Kohlendioxid (CO_2) unter Freisetzung von 8 080 kcal/kg bzw. 33 860 kJ/kg verbrennt. Reicht die zugeführte Luftmenge z. B. infolge Verschlakkung des Rostes nicht aus, verbrennt ein Teil des Kohlenstoffes nur unvollkommen. Es verbinden sich dann 1 kg Kohlenstoff mit nur 1,33 kg Sauerstoff. Dabei entsteht das zwar noch brennbare Gas Kohlenmonoxid (CO), aber es werden nur noch 2 470 kcal/kg bzw. 10 350 kJ/kg Wärme frei. Der Wärmeverlust bei dieser unvollkommenen Verbrennung beträgt also 8 080 — 2 470 = 5 610 kcal/kg bzw. 23 510 kJ/kg.

Der wirkliche Luftbedarf für die Lokomotivfeuerung ist enorm hoch und liegt für 1 kg Braunkohlebrikett bei etwa 8 m³, für 1 kg Steinkohle sogar bei 10 bis 12 m³. Je nach Anstrengung der Lokomotive müssen stündlich etwa 12 000 bis 20 000 m³ Luft den Kessel durchströmen. Der natürliche Zug des Schornsteines genügt bei weitem nicht für das Heranschaffen dieser Luftmenge. Deshalb erhielten alle Dampflokomotiven die im Prinzip schon 1829

von Stephenson eingeführte Saugzuganlage: Der in den Dampfmaschinen verbrauchte Dampf wird mit geringem Überdruck durch ein Blasrohr ausgestoßen. Der Dampfstrahl füllt den düsenartig gestalteten Schornstein aus und reißt die in der Rauchkammer vorhandenen Gase mit. Dadurch entsteht in der Rauchkammer ein Unterdruck, der durch die Heiz- und Rauchrohre und die Feuerbüchse bis zum Aschkasten als Saugzug wirkt.

Die Saugzuganlage saugt also die Frischluft im Takt der Auspuffstöße an. Die in den Aschkasten eintretende Luft wird dort vorgewärmt. Sie strömt durch die Roststäbe dem Brennstoff zu und vermischt sich mit den Brenngasen. Die eintretende Luftmenge kann durch Luftklappen an der Stirn- und Rückwand des Aschkastens, bei neueren Maschinen auch an den Seitenwän-

Bild 1.3 Das Feuer ist aus. Bahnhof Meyenburg, 1981.
Foto: Koehler

den unterhalb des Bodenringes geregelt werden.

Die in der Feuerbüchse während der Verbrennung freigewordene Wärme muß mit dem geringstmöglichen Verlust auf das Wasser übertragen werden. Im Brennstoffbett treten Temperaturen von 1 500 bis 2 000 °C auf. Ein Teil der Wärme wird durch die Strahlung (Schwingungen mit Wellenlängen bis etwa 400 μm) an die Feuerbüchswände übertragen. Der andere Teil gelangt durch Wärmeübertragung von den heißen Rauchgasen über Feuerbüchswände und Rohrwandungen an das Kesselwasser.

Es ist nachgewiesen, daß der intensivste Wärmeaustausch in der Feuerbüchse stattfindet. Deshalb verwendeten viele namhafte Konstrukteure die Verbrennungskammer, um eine möglichst große Strahlungsheizfläche zu erzielen. Auch der Feuerschirm in der Feuerbüchse hat mit die Aufgabe, den Weg der Verbrennungsgase zu

verlängern. Er soll ihnen Gelegenheit geben, in der Feuerbüchse voll auszubrennen und die Wärme an die Feuerbüchswände abzugeben. Danach durchströmen die Rauchgase die Heiz- (oder Siede-) und Rauchrohre des Langkessels und geben weitere Wärmemengen an das Kesselwasser ab. In der Rauchkammer ist kein Wärmeaustausch mehr möglich, da hier keine Heizflächen vorhanden sind.

Es lag an der Kunst der Konstrukteure, die Heizflächen und den Kessel so zu dimensionieren, daß die Rauchgase ihren Wärmeinhalt nach Verlassen der Rohre im Langkessel so weitgehend wie möglich an das Kesselwasser abgeben konnten. Abgesehen von diesem Abgasverlust sind noch weitere Einflüsse auf die Güte des Kessels wirksam: Kesselsteinbeläge, Rußablagerungen, verstopfte Rohre, unverbrannte Rückstände im Aschkasten und in der Rauchkammer, Wärmeausstrahlungen durch fehlende oder mangelhafte Isolation u. ä. Ein Vergleich der nutzbar gemachten Wärme mit der aufgewendeten Wärme ergibt den Kesselwirkungsgrad. Gute Kessel vermögen Wirkungsgrade von 65 bis 68 Prozent zu erreichen.

Tabelle 1.2 Temperatur- und Wärmeverhältnisse im Wasserdampf

Überdruck		Siede-temperatur	Flüssigkeitswärme		Verdampfungs-wärme		Gesamtwärme-inhalt	
MPa	atü	°C	kcal/kg	kJ/kg	kcal/kg	kJ/kg	kcal/kg	kJ/kg
0	0	99,1	99,1	415,2	539,4	2 260,1	638,5	2 675,3
0,3	3	142,9	143,6	601,7	509,8	2 136,1	653,4	2 737,8
0,6	6	164,2	165,6	693,9	493,8	2 069,0	659,4	2 762,9
1,0	10	183,2	185,6	777,7	478,3	2 004,1	663,9	2 781,8
1,2	12	190,7	193,5	810,8	471,9	1 977,3	665,4	2 788,1
1,6	16	203,4	207,1	867,7	460,4	1 929,1	667,5	2 796,8

1.2. Die Dampferzeugung

Soll Wasser verdampft werden, muß man dem Wasser in einem offenem Gefäß soviel Wärme zuführen, bis die Siedetemperatur von 100 °C erreicht ist. Dann erfolgt die Umwandlung des flüssigen Zustandes in den gasförmigen. Bei weiterer Wärmezufuhr bleibt die Wassertemperatur solange konstant, bis alles Wasser verdampft ist. Es ist einleuchtend, daß das Wasser umso schneller verdampft, je mehr Wärme pro Zeiteinheit zugeführt wird. Dabei ist die Siedetemperatur von der Wassermenge völlig unabhängig, nicht aber die dazu nötige Wärmeenergie.

Die Einheit der Wärmemenge war früher die „Kilokalorie" (kcal): Sie wird benötigt, um die Temperatur von 1 kg Wasser (1 l) um 1 °C zu erhöhen. Nach dem heute üblichen SI-System ist 1 kcal = 4,19 kJ (Kilo-Joule). Soll 1 kg Wasser von 0 °C bei atmosphärischem Druck zum Sieden gebracht werden, ist eine Wärmemenge von 419 kJ nötig, die als „Flüssigkeitswärme" bezeichnet wird. Soll das Wasser aber vollständig verdampfen, werden weitere 2 258 kJ je kg Wasser benötigt, die als „Verdampfungswärme" bezeichnet werden. Der gesamte Wärmeinhalt von 1 kg Wasserdampf bei atmosphärischem Druck beträgt demzufolge 2 677 kJ.

Die Verdampfungswärme wird beim Verdampfungsprozeß im Kessel vollständig in die Verdampfungsarbeit umgesetzt, die zunächst

Bild 1.4
Zur Erinnerung an die Dampflokzeit: Kropfachse der 39 1056 im Bahnbetriebswerk Stendal.
Foto: Koehler

nicht meßbar ist. Erst bei der Kondensation des Wasserdampfes wird sie wieder frei und für technische Zwecke verfügbar, wie z. B. bei der Dampfheizung in den Reisezügen. Hierbei werden aus jedem kg Dampf, das sich in Heizkörpern und Rohrleitungen als Kondensat niederschlägt, 2 258 kJ für die Zugheizung frei.

In den Lokomotivkesseln wird Dampf mit hohem Druck erzeugt. Er ist die Voraussetzung, um in der Dampfmaschine einen Kolben bewegen zu können. Die Höhe des Druckes gibt man in der Lokomotivpraxis als Überdruck an, d. h. der den atmosphärischen (oder „normalen") Luftdruck übersteigenden Druck. Seine Maßeinheit war „atü" (Atmosphären-Überdruck). 1 atü entsprach dem Druck von 1 kp auf eine Kolbenfläche von 1 cm^2 ($= 1$ kp/cm^2). Nach dem jetzt gültigen SI-Maßsystem sind das 0,1 MPa.

In abgeschlossenen Behältern, wie dem Lokomotivkessel, erhöht sich mit steigendem Druck auch die Siedetemperatur in der Wärmeeinheit des erzeugten Dampfes. In der Tabelle 1.2 sind die wichtigsten Zusammenhänge dargestellt, wie sie für gebräuchliche Kesseldrücke auftreten. Es ist wichtig zu wissen, daß sich bei Änderung **nur einer** der Zustandsgrößen automatisch alle anderen ebenfalls ändern, solange der Dampf mit dem Wasser in Berührung steht. Wird z. B. kaltes Wasser in den Kessel gespeist, fällt sofort die Temperatur, und damit ändern sich Dampfdruck und Wärmeinhalt. Wird die Feuer-

Bild 1.5
Die rechte Seite.
Foto: Koehler

Bild 1.6
Die geöffnete Feuertür einer Rostlokomotive.
Foto: Kersten

tür geöffnet, und kalte Zugluft strömt in die Feuerbüchse ein, verringern sich wiederum die Temperatur und in der Folge Druck und Wärmeinhalt. Andererseits bewirkt ständige Wärmezufuhr eine Temperatur- und damit Druckerhöhung. In der Dampfmaschine konnte vom gesamten Wärmeinhalt des Dampfes nur ein geringer Teil in mechanische Arbeit umgesetzt werden: Fährt man z. B. eine Lokomotive mit 1,6 MPa (= 16 kp/cm²) Kesseldruck, dann beträgt der Wärmeinhalt 2 796,8 kJ pro kg Dampf. Wenn vorerst die Überhitzung vernachlässigt wird, erfolgt im Zylinder die Entspannung auf 0,10 bis 0,18 MPa; doch der Wärmeinhalt des Abdampfes beträgt noch immer 2 705,9 kJ/kg (!) und geht im Auspuff verloren. Nur die Differenz von 90,9 kJ/kg kann also ohne Berücksichtigung aller sonstigen Verluste im Zylinder nutzbar gemacht werden. Das ist ein Wirkungsgrad von 4,3 Prozent. Bei nur 1,0 MPa Kesseldruck ist der nutzbare Wärmeanteil noch geringer. Darum sollte der Heizer stets bestrebt sein, Kesselhöchstdruck zu halten.

Der bisher betrachtete Dampfzustand ist der sogenannte „trockene Sattdampf", eine die Grenze zwischen Naßdampf und Heißdampf darstellende theoretische Erscheinung. In der Praxis führen die Berührungen dieses Dampfes mit kühleren Bauteilen (Rohre, Zylinder usw.) zur Ausscheidung kleinster Wassertröpfchen (Kondensation), also zum Naßdampf; geringste Temperaturerhöhungen (Überhitzung) jedoch ergeben bereits Heißdampf. Lokomotiven ohne Überhitzer verarbeiten Naßdampf, was in der einschlägigen Literatur im Baureihenkürzel mit dem Buchstaben „n" angegeben wird (z. B. BR 36¹² als old. P 4¹ 2' B n 2).

Bei Naßdampflokomotiven wird der im Kessel erzeugte Dampf über Regler, Reglerrohr, Einströmrohre und Schieberkasten den Zylindern unmittelbar zugeführt. Auf diesem Weg kühlt der Dampf merklich ab, vor allem in der Anfahrphase, wenn alle Dampfwege noch kalt sind. Das Kondensatwasser zerstört den Ölfilm und kann sogar zu sogenannten Wasserschlägen (Zylinder- und Triebwerkschäden) führen. Naßdampflokomotiven haben demzufolge einen hohen Kohle- und Wasserverbrauch.

Um diese Nachteile zu vermeiden, wurde der Überhitzer eingeführt. Sein Prinzip besteht darin, den Naßdampf nach dem Lösen von der Wasseroberfläche in einem gesonderten Röhrensystem durch die Rauchgase weiter aufzuheizen und erst danach den Zylindern der Dampfmaschinen zuzuführen. Der Erfolg ist, daß der nun auf 300 bis 400 °C erhitzte Dampf, der über einen wesentlich höheren Wärmeinhalt als der Naßdampf verfügt, gasähnliche Eigenschaften annimmt. Besonders wichtig ist die jetzt schlechte Wärmeleitfähigkeit: Heißdampf gibt nicht soviel Wärme an kühlere Wandungen ab wie Naßdampf.

Im Zylinder der Heißdampflokomotive ist also ein wesentlich höheres Wärmegefälle nutzbar, was ihren entscheidenden Vorteil ausmacht. Immerhin können gegenüber den Naßdampflokomotiven bis zu 30 Prozent Dampf und Wasser und bis zu 20 Prozent Kohle eingespart werden. Dadurch erhöht sich der Kesselwirkungsgrad und damit ihr Aktionsradius. Schwierigkeiten jedoch gab es im Betrieb anfänglich mit den Schmiermitteln, wenn unzulässig hohe Überhitzungen auftraten oder falsches Öl verwendet wurde: Das Öl neigte zum Verkrusten oder Verdampfen. Hohe Überhitzungen stabil zu erreichen war nur möglich, wenn die Rohre täglich gereinigt wurden, keine Verstopfungen auftraten und die Umkehrenden der Überhitzerelemente frei von Verbrennungsrückständen waren. Diese Reinigung erfolgte durch Ausblasen mit Preßluft.

2. Die Betriebsstoffe

Die Dampflokomotive in der Form, wie sie George Stephenson in England im Jahre 1829 als ROCKET der Weltöffentlichkeit vorstellte, war ein kleines Wärmekraftwerk auf Rädern. Die Maschine führte alle benötigten Stoffe für die in ihr stattfindenden Energieumwandlungsprozesse in den Vorratsbehältern mit und galt demzufolge als unabhängig. Theoretisch konnte sie fahren soweit die Schienen reichten und die Spurweite es zuließ. Kohle oder zur Not auch Holz zum Feuern und Wasser gab es überall.

Praktisch waren der scheinbaren Unabhängigkeit der Dampflokomotive jedoch enge Grenzen gesetzt. Nicht jede Kohle war für die Lokomotivfeuerung geeignet, viele im Wasser gelöste Bestandteile ließen es angebracht erscheinen, es gar nicht erst in den Kessel zu pumpen, und schließlich waren Schmierstoffe zu ergänzen und Sand zu nehmen. Alle Betriebsstoffe hatten speziellen Anforderungen zu genügen, mußten aufbereitet sein, unter besonderen Bedingungen gelagert werden. Das alles geschah im Bahnbetriebswerk.

2.1. Die Brennstoffe

Die festen Brennstoffe werden in Holz, Torf, Braunkohle, Steinkohle und Anthrazit unterteilt. Zu den flüssigen Brennstoffen zählen vor allem die Erdöldestillate, und als Sonderform kann der Kohlenstaub angesehen werden. Er gehört an sich zu den festen Brennstoffen, verhält sich im Gemisch mit der Verbrennungsluft aber wie ein Gas.

Die festen Brennstoffe bestehen im wesentlichen aus Kohlenstoff und Wasserstoff. Entscheidend für ihre Verbrennungseigenschaften ist der Gehalt an „flüchtigen Bestandteilen". Je älter — bezogen auf ihre Entstehung — die Kohle ist, desto

Tabelle 2.1 Feste Brennstoffe für Dampflokomotiven (Durchschnittswerte)

Herkunft	Brennstoff	im Verwendungszustand			flüchtige	Analyse der brennbaren Substanz,				
		Wasser	Asche	unterer Heizwert	Bestandteile	bezogen auf Reinkohle				
						Kohlenstoff	Wasserstoff	Sauerstoff	Stickstoff	Schwefel
		%	%	kJ/kg	%	%	%	%	%	%
	Holz, lufttrocken	20	0,5	15 293,5	70	50,4	6,2	43,3	0,1	—
Borna und Merseburg	Rohbraunkohle	52	4	11 103,5 ⎫	56 bis 58	68,8	5,8	21,7	1,0	2,7
	Braunkohlebrikett	14	9,5	20 112 ⎭						
Senftenberg	Rohbraunkohle	52	2,5	10 056 ⎫	40 bis 55	66,6	5,4	26,1	1,1	0,8
	Braunkohlebrikett	13	5,5	19 274 ⎭						
Sachsen	Steinkohle	9,5	3,5	28 282,5	35 bis 40	81,4	5,5	10,4	1,8	0,9
Ruhr	Steinkohle	2,5	5	30 377,5	35	84,7	5,4	7,3	1,6	1,0
Schlesien	Steinkohle	6	7	29 749	32	84	5	9	1,1	0,9
Donez	Magerkohle (Steink.)	2,5	9	31 006	11	91,2	4	2,5	1,4	0,9
	Anthrazit	5	5,7	29 958,5	4	94,4	1,8	1,4	0,7	1,7

geringer ist der Gehalt an flüchtigen Bestandteilen, und desto größer ist ihr Gehalt an reinem Kohlenstoff und damit ihr Heizwert. Außerdem enthält die Kohle noch Sauerstoff, Stickstoff und Schwefel. Als weitere unbrennbare Ballaststoffe treten in der Kohle Asche und Wasser in Erscheinung.

Die Tabelle 2.1. gibt die Zusammensetzung der wichtigsten Brennstoffe für Dampflokomotiven an. Der ausgewiesene Heizwert der Brennstoffe ist identisch mit dem früher benutzten Begriff „unterer Heizwert". Das bedeutet nichts anderes, als daß die für die Verdampfung des Wassers in der Kohle benötigte Wärmemenge nicht berücksichtigt wird, weil ja der Abdampf aus den Zylindern den Schornstein mit ca. 350 °C verläßt und der darin enthaltene Wasserdampf noch lange nicht kondensiert. Die vom Brennstoff für die Verdampfung dieses Wassers gelieferte Wärmemenge wird mit ins Freie genommen und keinem praktischen Prozeß zugeführt. Deshalb rechnet die Praxis stets mit dem eigentlichen Heizwert der Kohle, in dem die erst durch Kondensation wieder gewinnbare Wärme des Abdampfes nicht enthalten ist.

Der Verbrennungsvorgang bei Kohle setzt sich aus einer Reihe von Einzelvorgängen zusammen. Vor Erreichen der Entzündungstemperatur beginnen die Kohlenwasserstoffe gasförmig aus der Kohle zu entweichen (flüchtige Bestandteile). Ihre Entzündungstemperatur ist niedriger als die der auf dem Rost zurückbleibenden festen Kohlerückstände (Koks). Sie verbrennen zuerst mit langer, gelb leuchtender Flamme über dem Brennstoffbett. Der Koks entzündet sich später. Dabei werden die restlichen, sogenannten „schweren Kohlenwasserstoffe" ausgetrieben, bis nur noch der reine Kohlenstoff und die in der Kohle enthaltene Asche auf dem Rost verbleiben. Der Koks verbrennt als letzter brennbarer Bestandteil mit spärlicher, kurzer Flamme oder ohne Flammenerscheinung. Weil er auch keinen Qualm abgibt, verwendete man ihn früher gern im Stadtbahnbetrieb und heute z. B. noch bei der Dresdener und Leipziger Pioniereisenbahn. Als Endprodukt der Verbrennung gelten die Verbrennungsgase, die aus Sauerstoffverbindungen der Kohlebestandteile Kohlenstoff, Wasserstoff und Schwefel bestehen. Diese Gase sind zugleich Träger der bei der Verbrennung erzeugten Wärme, die in der Feuerbüchse und den Rohren an das Kesselwasser abgegeben wird. Wenn sie diesen Zweck erfüllt haben, werden sie als

Abgase bezeichnet, die die Maschine durch den Schornstein verlassen.

Die Deutsche Reichsbahn-Gesellschaft und zuvor die Länderbahnen verwendeten bis 1945 ausschließlich Steinkohle aus dem Ruhrgebiet und aus dem damaligen Schlesien. Bald nach dem zweiten Weltkrieg erfolgte in der sowjetischen Besatzungszone die Umstellung auf Braunkohlenbriketts und Rohbraunkohle. Parallel dazu führte die Deutsche Reichsbahn die Braunkohlenstaubfeuerung in größerem Umfang ein. Später wurde verstärkt Steinkohle importiert bzw. auch die Zwickauer Steinkohle auf den Lokomotiven verfeuert. In den sechziger Jahren letztlich ist auf einer größeren Anzahl von Dampflokomotiven die Ölhauptfeuerung eingebaut worden, während die Kohlenstaubfeuerung wegen der aufwendigen Staubaufbereitung und -bevorratung bis 1974 völlig verschwand. Die Holz- und Torffeuerung kam früher in Deutschland nie über örtlich beschränkte Verwendungen z. B. in Bayern und Oldenburg hinaus. Sie wird deshalb in den weiteren Darstellungen ausgeklammert.

2.2.   Die Feuerungsarten

Unterschiedliche Brennstoffe verlangen zur Erzielung einer möglichst hohen Energieausbeute unterschiedliche Feuerungsarten. Das bezieht sich sowohl auf die Konstruktion des Verbrennungsraumes als auch auf das Bedienen, das Beschicken des Feuers. Das Beherrschen der Theorie, praktische Erfahrung und der Zustand von Feuerbüchse und Kessel hatten im Dampflokomotivbetrieb erheblichen Einfluß auf die Höhe des Kohleverbrauchs.

Steinkohlefeuerung

Nach ihrem Gehalt an flüchtigen Bestandteilen wird die Steinkohle in sechs Arten eingeteilt (Tabelle 2.2).

Gasarme Kohle verbrennt mit kurzer, gasreiche mit langer Flamme. Für den Lokomotivbetrieb waren am besten die Gasflamm- und die Gaskohle geeignet. Beide brannten leicht an, backten kaum zusammen und zerfielen z. T. sogar leicht im Feuer („Sandkohle" mit bis zu 45 Prozent flüchtigen Bestandteilen). Luftmangel war nicht zu befürchten, da die Luft stets gut durch die Brennstoffschicht streichen konnte. Fettkohle neigte stark zum Zusammenbacken der

Tabelle 2.2 Einteilung der Steinkohlearten für Dampflokomotivfeuerung

Steinkohleart (Inkohlungszustand)	flüchtige Bestandteile %	Flammenbild	Kohlenstoff %	Wasserstoff %	Sauerstoff %	Heizwert H_u kJ/kg	Beschaffenheit des Verkokungsrückstandes	Eignung für die Lokomotivfeuerung
Flammkohle	45 bis 40	lang, matt	75 bis 82	5,8 bis 6	über 9,8	bis 32 100	pulvrig, locker	gut geeignet
Gasflammkohle	40 bis 35	lang, heller	82 bis 85	5,6 bis 5,8	7,3 bis 9,8	bis 33 900	gesintert, z. T. pulvrig	geeignet
Gaskohle	35 bis 28	kürzer, stark leuchtend	85 bis 87	5,0 bis 5,6	4,5 bis 7,3	bis 35 000	gebacken, zerklüftet	geeignet
Fettkohle	28 bis 19	kürzer, leuchtend	87 bis 89	4,5 bis 5,0	3,2 bis 4,5	bis 35 400	stark gebacken, fest, silberhell	noch geeignet
Eßkohle	19 bis 14	kurz, hell	89 bis 90	4,0 bis 4,5	2,8 bis 3,2	ca. 35 400	gesintert, z. T. schwach gebacken	nur bei hohem Gasgehalt geeignet
Magerkohle	14 bis 10	kurz, matt, leuchtend	90 bis 91,5	3,8 bis 4,0	2,5 bis 2,8	bis 35 600	pulvrig, evtl. gesintert	nur im Gemisch mit Braunkohlebrikett

glühenden Feuerschicht zu großen, festen Kuchen und bedingte hohe Aufmerksamkeit des Heizers bei der Feuerführung, um Luftmangel durch verstopfte Rostspalten zu vermeiden.

Eß- und Magerkohle sowie Anthrazit eigneten sich wegen der geringen flüchtigen Bestandteile nur schlecht für den Lokomotivbetrieb, da sie sehr schwer anbrannten. Jedoch wurde die bei ihrer Förderung und Aufbereitung anfallende Feinkohle (Korngröße unter 10 mm) unter Zusatz von Steinkohlenteerpech zu Steinkohlenbriketts verarbeitet, deren Heizwert dem der Steinkohle entsprach.

Nach der Aufbereitung unterscheidet man die Steinkohle nach ihrer Stückgröße wie folgt:

— Förderkohle: Gemisch verschiedener Korngrößen, wie sie unaufbereitet aus der Grube kommen
— abgesiebte Förderkohle: Die feinkörnigen Bestandteile sind entfernt, da Kohle über Sieb gelaufen

Tabelle 2.3 Für Lokomotivfeuerung geeignete Korngrößen der Steinkohle (in mm)

abgesiebte Förderkohle	über 30
Stückkohle	80 bis 150
Würfelkohle	60 bis 100
Nußkohle	35 bis 80
bestmelierte Kohle	mind. 50 % Stücke

— Stück-, Würfel-, Nuß-, Grieß- und Staubkohle: entsprechend Korngröße zugeordnet
— melierte Kohle: Förderkohlen, bei denen der Anteil an Stückkohlen einen bestimmten Betrag haben muß.

Bis 1945 wurden von der Reichsbahn fünf Korngrößen bezogen (Tabelle 2.3).

Würfelkohle war für den Lokomotivbetrieb die optimale Größe. Sie ließ genügend Luftspalten im Brennstoffbett und brannte gut durch. Kohle größerer Abmessungen mußten vor dem Aufwerfen mit der Kohlenhacke zerkleinert werden. Kohle mit geringerer Korngröße lag zu dicht und ließ nicht genügend Luft durchtreten. Sie neigte leicht zu unvollkommener Verbrennung. Das Aufwerfen zu großer Mengen auf eine Stelle des Rostes erstickte das Feuer. Die Kohle durfte nur in dünner Schicht über den Rost gestreut werden.

Braunkohlefeuerung

Der bis zu 52 Prozent betragende Wassergehalt der Rohbraunkohle macht sie schwer (der halbe Kohlevorrat des Tenders wäre Wasser!) und nur unter bestimmten Vorkehrungen allein verbrennbar; dazu muß man sie vor allem trocknen. Das war auf der Lokomotive nicht möglich. Deshalb wurde gesiebte und grobstückige Rohbraunkohle auf den Lokomotiven nur zusammen mit anderen Kohlesorten verbrannt. Die bei der Deutschen

Tabelle 2.4 Mischungsverhältnisse der zur Lokomotivfeuerung von der Deutschen Reichsbahn nach 1945 benutzten Kohlesorten	Dienstart (a bis c: mögliche Varianten)		Großstückige Steinkohle	Schieferhaltige z. T. klare Steinkohle (grau)	Braunkohle-briketts	Rohbraun-kohle
	Zuglok im schweren Dienst	a	1	—	—	1
		b	—	1	2	1
		c	—	—	3	1
	Zuglok im übrigen Dienst	a	1	—	—	1,5
		b	—	1	1	1
		c	—	—	2	1
	Tenderlok im Rangierdienst	a	1	—	—	1,5
		b	—	1	1	1
		c	—	—	2	1
	Schlepptenderlok im Rangierdienst	a	1	—	—	2
		b	—	1	1	2
		c	—	—	1	1

Reichsbahn nach 1945 gefahrenen Mischungsverhältnisse sind in Tabelle 2.4 zusammengestellt.

Um Rohbraunkohle brikettieren zu können, muß das Wasser bis auf 19 Prozent entzogen werden. Nach der Zerkleinerung preßt man die Kohle unter hohem Druck in Formen. Als Bindemittel dienen der in der Kohle enthaltene Bitumenanteil und das Wasser.

Für die Verfeuerung auf Lokomotiven waren am besten die sog. Semmelbriketts geeignet, da sie nicht allzu große Hohlräume bildeten und unnötig viel Luft hindurchtreten ließen. Außerdem gaben sie beim Verladen weniger Abrieb. Der Abrieb hat zwar den gleichen Heizwert, aber infolge der Feinkörnigkeit fielen bei der Lokomotivfeuerung große Mengen unverbrannt in den Aschkasten, wo sie langsam nachbrannten und den Aschkasten ausglühten. Da Braunkohlebriketts zudem nicht wetterbeständig sind, zerfielen sie sowohl bei der Lagerung in Kohlebansen als auch auf dem hinteren Tenderteil, wenn er nicht häufig genug gründlich entleert wurde. Je günstiger die Rohkohlezusammensetzung war, desto härter waren die daraus gepreßten Briketts. Geschätzt waren besonders die 83er Senftenberger Briketts.

Die Feuerstandfestigkeit als Ausdruck des Verhaltens der glühenden Kohle während des Verbrennungsvorganges auf dem Rost unterlag den gleichen Kriterien.

Schädlich bei der Braunkohleverfeuerung auf Lokomotiven wirkten sich vor allem der Salz- und Schwefelgehalt des Brennstoffs aus. Gemessen in der Asche betrug z. B. der Salzgehalt von Briketts des Merseburger Reviers bis zu 25 Prozent.

Diese Briketts waren für den Lokomotivbetrieb schlecht brauchbar, denn die bei der Verbrennung verdampfenden Salze schlugen sich an der Rohrwand, in den Rohren und am Funkenfänger nieder und verstopften sie nach kurzer Zeit. Salzkohle erkannten die Personale an derem hellbraunen bis weißen Niederschlag an den Rauchkammerinnenwänden, der Rauchkammertür und dem Schornstein. Schwefel trat in Konzentrationen bis zu 7 Prozent auf. Die bei der Verbrennung entstandenen Schwefeloxide bildeten nach Hinzutreten von Wasser (als Undichtigkeiten der Rohrwände, Schwitzwasser u. ä.) die auf Kupferfeuerbüchsen sehr aggressiv wirkende Schwefelsäure und schweflige Säure. Stahlfeuerbüchsen wurden hingegen nicht angegriffen. Die Kupferwände der Feuerbüchsen erlitten Abzehrungen vor allem an jenen Stellen, an denen größere Mengen Asche an den Wänden abgelagert waren. Blieb z. B. nasse Braunkohlenasche einige Tage an der kupfernen Feuerbüchswand liegen, zeugten bei ihrer Beseitigung hellrote Färbungen des Kupfers und der kupferfarbene Glanz der Asche von den Zerstörungen der Wandfläche. Da Kupfer nach 1945 extrem knapp geworden war, ersetzte man abgezehrte Feuerbüchsteile aus Kupfer in der Übergangsphase gegen stählerne („Stahlvorschuh"). In den Folgejahren wurden sie — wie die noch vorhandenen reinen Kupferfeuerbüchsen — meist nach und nach vollständig gegen Stahlfeuerbüchsen ausgetauscht.

Kohlenstaubfeuerung

Die Kohlenstaubfeuerung dient der Verwendung

Bild 2.1
Ing. Hans Wendler
(links), der für die
Konstruktion der
Kohlenstaubfeuerung
Typ Deutsche Reichs-
bahn mit dem
Nationalpreis aus-
gezeichnet wurde.
Um 1952.
Sammlung List

abgesiebter Feinkohle und ist in stationären Kesselanlagen hochproduktiv. Der Gedanke lag von jeher nahe, dieses Verfahren auch auf Lokomotiven zu versuchen. Besonders die Deutsche Reichsbahn wurde darauf erneut gestoßen, als nach 1945 keine Steinkohle zur Verfügung stand und die Verfeuerung von Braunkohle enorme Anforderungen an die körperliche Leistungsfähigkeit der Lokomotivheizer stellte.

Auf die Vorkriegsversuche mit Kohlestaubfeuerung der STUG (vier Lokomotiven) und der AEG (sieben Lokomotiven) zurückgreifend, übernahm eine Arbeitsgruppe um Ing. Hans Wendler von 1948 ab Anstrengungen, die aufwendigen maschinellen Fördereinrichtungen des Staub-Luftgemisches aufzugeben und ein unkompliziertes System ohne mechanisch bewegte Teile einzuführen. Sie erhielt dafür im Jahre 1949 den Nationalpreis der DDR.

In der Folge baute die Deutsche Reichsbahn einschließlich der 10 übernommenen Vorkriegslokomotiven insgesamt weit über 100 Dampflokomotiven auf Kohlenstaubfeuerung um (Tabelle 2.5). Das Schema dieser Feuerungsart ist folgendes: Der Brennstoff „Kohlenstaub" bestand aus zu Mehl vermahlener Kohle, der innig mit Luft verwirbelt als Staub-Luftgemisch in die Feuerbüchse eingesaugt wurde. Die Feuerbüchse war wegen der hohen Flammentemperatur und

zur Beschleunigung des Zündvorganges völlig mit feuerfestem Mauerwerk ausgekleidet; die glühenden Schamottesteine dienten zugleich als Wärmespeicher bei abgeschalteter Heizung. Der Verbrennungsvorgang eines Staubkornes umfaßte für den Zeitraum von etwa 2 Sekunden die Phasen
— Erwärmung des Staubkornes und der umgebenden Luft
— Entgasung des Staubkernes (Freisetzung der flüchtigen Bestandteile)
— Zünden und Verbrennen der flüchtigen Bestandteile
— Verbrennen des verkokten Staubkornes (feste Bestandteile)
— Abkühlen der flüssigen Schlacke unter ihren Erweichungspunkt vor dem Auftreffen auf die Rohrwand.

Für die Lokomotivkessel waren durch das Lichtraumprofil und die Achsanordnung der Ausbildung optimaler Feuerräume Grenzen gesetzt. In der relativ kleinen Feuerbüchse wurde durch das Verlängern des Feuerschirmes und das günstige Anbringen der Brenner ein S-förmiger Flammenweg erzeugt, der eine nahezu vollständige Verbrennung des Kohlenstaubs ermöglichte. Bei den Verfahren der STUG und der AEG (vor allem unterschieden durch die Brennerformen und -anordnungen), beförderte ein Gebläse auf dem

Tabelle 2.5.   Kohlenstaublokomotiven der DRG und der DR (nach Griebl/Schadow)

Betriebsnummer	System/Beschaffungszeit/Bemerkungen	Betriebsnummer	System/Beschaffungszeit/Bemerkungen
03 1087	Wendler/1950/„Erwin Kramer"	58 1346	Wendler/1951/ex LOWA, Tender von
05 003	AEG/1937/Stromlinienverkleidung,		45 024 (fünfachsig)
	Führerstand vorn, 1944 in Rostlok	58 1353	STUG/1928/30/umgebaut in System
	umgebaut		Wendler
07 1001	Wendler/1952/ex SNCF 231-E-18	58 1416	AEG/1930/umgebaut in System
08 1001	Wendler/1951/ex SNCF 241-A-21		Wendler
17 1024, 17 1032,		58 1427, 58 1431,	
17 1042, 17 1052,		58 1509, 58 1567,	
17 1054, 17 1058,		58 1575, 58 1586,	
17 1071, 17 1077,		58 1596, 58 1626,	
17 1094, 17 1101,		58 1640, 58 1643,	
17 1103		58 1652	alle Wendler/ab 1950
17 1104	Langlauftender	58 1677	STUG/1928/30/zusammen mit 58 1353
17 1111			erste STUG-Fahrzeuge, umgebaut in
17 1119	Kondenstender, blauer Anstrich		System Wendler
	(„Blauer Engel")	58 1708, 58 1712	Wendler/ab 1950
17 1158, 17 1198	alle Wendler/1949 bis 1951/ex pr S 10¹	58 1722	STUG/1928/30/umgebaut in System
25 1001	Wendler/1955		Wendler
25 1002	Wendler/1958/von Stoker- auf Kohle-	58 1769	Wendler/ab 1950
	staubfeuerung umgebaut; ex 25001	58 1794	STUG/1928/30/umgebaut in System
36 457	Wendler/1947/erste Probelok; selbst-		Wendler
	tätige Staubaufbereitung („Druckent-	58 1809, 58 1847,	
	lastungszerkleinerer")	58 1856, 58 1885	alle Wendler/ab 1950
		58 1894	AEG/1930/umgebaut in System Wendler
44 116, 44 268,		58 1952, 58 1990,	
44 392, 44 449,		58 2006, 58 2019,	
44 503, 44 506,		58 2040, 58 2049,	
44 509, 44 528,		58 2098, 58 2104,	
44 598, 44 612,		58 2109, 58 2131,	
44 614, 44 674,		58 2135	alle Wendler/ab 1950
44 810, 44 860,		65 1004	Wendler/um 1955/Rückbau auf
44 982, 44 991,			Rostlok 1962
44 1232, 44 1238,			
44 1272, 44 1309,			
44 1400, 44 1481	alle Wendler/ab 1952		Abkürzungen:
H 45 024	La Mont-Hochdruckkessel/LOWA/1951		
52 415, 52 533,		AEG:	Allgemeine Elektrizitäts-Gesellschaft Berlin/Loko-
52 653, 52 716,			motivfabrik Hennigsdorf
52 1425, 52 1429,			(heute: VEB-Elektrotechnische Werke — LEW —
52 1580, 52 1699,			„Hans Beimler" Hennigdorf bei Berlin)
52 1737, 52 2199,		STUG:	Studiengesellschaft für Kohlenstaubfeuerung auf
52 2467, 52 2543,			Lokomotiven, zusammengesetzt aus Vertretern meh-
52 2576, 52 2650,			rerer Lokomotiv-Fabriken und Kohlensyndikate so-
52 2681, 52 2700,			wie der DRG; 1923 in Berlin gegründet
52 2718, 52 2818,		LOWA:	Lokomotiv- und Waggonbau-Konstruktionsbüro Wil-
52 3222, 52 3250,			dau (später: Institut für Schienenfahrzeuge in Ber-
52 3285, 52 3457,			lin-Adlershof)
52 3594, 52 3794,		SNCF:	Nationale Gesellschaft der französischen Eisenbah-
52 4900, 52 5278,			nen
52 5762, 52 6357,			
52 7197	alle Wendler/ab 1950		
56 2130, 56 2801	AEG/1928/29/2. Versuchsserie		
56 2906, 56 2907	AEG/1928/1. Versuchsserie		
58 231, 58 404,			
58 423, 58 428,			
58 430, 58 432,			
58 444, 58 454,			
58 455, 58 456,			
58 457, 58 541,			
58 1048, 58 1068,			
58 1112, 58 1115,			
58 1208, 58 1215,			
58 1321	alle Wendler/ab 1950		

Tender das Staub-Luft-Gemisch vom Tender in die Brenner. Auf dem Tender im Bunkerboden befindliche Schnecken, von einer Hilfsdampfmaschine betrieben, dienten zum Austragen des Kohlenstaubes. Das System Wendler hingegen verwendete keinerlei mechanisch bewegte Teile. Der Staub wurde durch ein Düsensystem in den Bunkern den darunterliegenden Luftansaugrohren zugeführt, die mit Gummischläuchen an die Wirbel-Brennerrohre angeschlossen waren. In den Wirbel-Brennern erfolgte die intensive Durchmischung der Luft mit dem Kohlenstaub. Beide Brenner lagen an der Rückwand der Feuerbüchse. Der Unterdruck in der Rauchkammer pflanzte sich über die luftdicht abgeschlossene Feuerbüchskammer bis zum Tender fort und genügte vollständig für die Ansaugung des Staub-Luft-Gemisches.

Die Versuche Wendlers konzentrierten sich vor allem auf Braunkohlenstaub, der sowohl von der salzhaltigen Kohle des Geiseltales als auch von Lagern des Senftenberger Reviers genommen wurde. Der durchschnittliche Heizwert lag bei etwa 24 000 kJ. Bei einem Vergleich mit der Steinkohlerostfeuerung ergab sich eine Brennstofferspanis von etwa 15 Prozent. Um 1 t Steinkohle von 29 330 kJ Heizwert ersetzen zu können, mußte 1,04 t Braunkohlenstaub aufgewendet werden. Daneben fanden auch Versuche mit Filterkohle statt, die in den Brikettfabriken anfiel.

Das System Wendler hat sich bewährt und war bei den Personalen beliebt, vor allem, nachdem die pneumatische Kammeraustragung des Staubes aus dem Tenderbunker ausgereift war. Sie gewährleistete eine vollständige Entleerung aller drei Bunkerkammern. Das Bunkern des Kohlenstaubes erfolgte im Bahnbetriebswerk durch Fülleitungen an der Tenderrückseite, wenn der Staub aus Kohlenstaub-Behälterwagen entnommen wurde. Standen im Bahnbetriebswerk Hochbunker zur Verfügung, konnte man den Staub über die Fülleitung in den Füllstutzen auf dem Mannlochdeckel (Tenderscheitel) laden.

Der Staub wurde in speziellen Mahlanlagen in der Nähe der Kohlengruben hergestellt und getrocknet. Die Mahlfeinheit des Staubes als eine entscheidende Größe für die Zündgeschwindigkeit und den Verbrennungsprozeß des Staubkornes konnte man anhand eines genormten Satzes von vier Handsieben bestimmen. Für schnelle Überprüfungen genügten bereits folgende drei Werte:

1. Durchsatz und
2. Gesamtrückstand einer bestimmten Menge Staub (mind. 25 g) auf einem Sieb mit 4 900 Maschen pro cm^2 und
3. Rückstand auf einem Sieb mit 900 Maschen/cm^2.

Als Beispiel:

Durchsatz durch Sieb 4 900: 89 Prozent
Gesamtrückstand auf Sieb 4 900: 11 Prozent
davon Rückstand auf Sieb 900: 0,6 Prozent

Als Faustregel galt: Je größer der Durchsatz durch Sieb 4 900, desto gleichmäßig feingemahlener war der Staub und als demzufolge feuerungstechnisch günstiger erwies er sich.

Vom Wendlerschen Kollektiv ist auch die unmittelbare Herstellung von Kohlenstaub auf der Lokomotive mittels Druckentlastungszerkleinerer („Kohlenzertrümmerungsanlage") erprobt worden. Dazu diente die Lok 36 457 als Versuchsträger. Braunkohlengrus aus den Brikettfabriken und Bahnbetriebswerken sollte als Ausgangsstoff dienen. Die Anlage wurde ab 1951 betrieben, konnte aber keine zuverlässigen Ergebnisse garantieren. Eine großtechnische Nutzung ist nicht erfolgt.

Ölfeuerung

Je nach dem Aufbau der Feuerungsanlage werden Ölhaupt- und Ölzusatzfeuerungen unterschieden. Während man bei der Ölhauptfeuerung den gesamten Feuerraum an die Verhältnisse der ausschließlichen Ölverbrennung anpaßt, ist die Ölzusatzfeuerung zur Unterstützung der normalen Feuerung gedacht. Deshalb zündet man nur zur Absicherung der Kesselspitzenleistung einen kleinen Ölbrenner, wenn kurzzeitige Höchstbeanspruchungen gefordert werden.

Die verschiedenen Sorten der Heizöle unterscheiden sich neben den Heizwerten (39 800 bis 42 740 kJ/kg) im Viskositätsverhalten, in der Höhe des Verkokungsrückstandes (10 bis 15 Prozent) und im Schwefelgehalt (1,5 bis 3,5 Prozent). Die Deutsche Reichsbahn z. B. verwendete das Heizöl HT-D (aus Teer) oder HE-D (aus Öl) mit folgenden Kennwerten:

Dichte etwa 0,95 kg/cm^3
Flammpunkt 120 °C
Stockpunkt 50 °C
Heizwert etwa 40 650 kJ/kg.

Die Ölhauptfeuerung auf Dampflokomotiven bewirkte zwar eine Reihe von Veränderungen bei der Lokomotivbehandlung, brachte aber eine Anzahl bemerkenswerter ökonomischer Verbesserungen, unter anderem:

— feuerloses Abstellen der Lokomotive und damit absolute Brennstoffeinsparung bei Unterwegsaufenthalten bzw. beim Aufenthalt im Bahnbetriebswerk

— Senkung der Betriebskosten wegen geringeren Brennstoffverbrauches pro m^3 Feuerbüchseninhalt je Stunde

— Einsparung von Arbeitsgängen bei der Loko-

motivbehandlung im Bahnbetriebswerk (Reinigen der Rauchkammer und des Aschkastens, Ersatz der aufwendigen Bekohlung durch einfaches Betanken) und damit absolute Senkung der Behandlungskosten
— Einsparung von Arbeitszeit beim Abrüsten der Lokomotive
— Vergrößerung des Aktionsradius der Öllokomotive gegenüber rostgefeuerten Maschinen
— Arbeitserleichterung für den Heizer bei der Feuerführung, einfachere Bedienung beim Anheizen und im Betrieb.

Das im Ölbehälter des Tenders mitgeführte Heizöl wurde auf etwa 80 °C vorgeheizt. Dazu dienten Heizschlangen. Das Öl floß über eine Schlauchverbindung dem Ölvorwärmer auf der Lokomotive zu und gelangte von dort, auf 100 bis 150 °C erhitzt, über den Ölregulierschieber zu den Brennern an der Feuerbüchsrückseite. Am Brennermundstück floß es auf einen flachen Heißdampfstrahl, der es zerstäubte und in den Feuerraum blies. An der glühenden Ausmauerung des Feuerraumes entzündete sich der Dampf-Öl-Nebel und verbrannte mit einer Strahlungstemperatur von etwa 1 000 °C. Die notwendige Verbrennungsluft strömte durch Öffnungen im Boden des Feuerkastens. Der Feuerkasten bei ölgefeuerten Lokomotiven war der Raum der Feuerbüchse, der durch den darunter befindlichen Luftkasten (anstelle Rost und Aschkasten) begrenzt wurde. Bis in Höhe der dritten Stehbolzenreihe über dem Bodenring mußte der Feuerkasten mit Siliziumkarbidsteinen ausgemauert werden, um den sehr hohen Strahlungstemperaturen widerstehen zu können. Ein besonders langer Feuerschirm bewirkte eine vorteilhafte Flammenführung und gute Vermischung der Öldämpfe mit der Verbrennungsluft. Die Luftzufuhr konnte durch Klappen im Luftzuführungskasten geregelt werden. Da Öllokomotiven keine Brennstoffrückstände hatten, entfielen der Aschkasten mit Näßeinrichtung, der Funkenfänger und die Rauchkammernäßeinrichtung.

Die Ölhauptfeuerung konnte sich bei der Deutschen Reichsbahn auf Lokomotiven der Baureihen 01.0, 03.0, 44.0, 50.0, 95.0 und 99.0 von 1963 ab knappe 20 Jahre lang behaupten. Bei der Deutschen Bundesbahn waren die Baureihen 01.10, 10, 41 und 44 teilweise mit Ölfeuerungen ausgerüstet. Die zunehmende Verteuerung des Rohöls auf dem Weltmarkt zwang auch die Deutsche Reichsbahn, ab 1981 die Ölhauptfeuerung aufzugeben. Die DB stellte ihre Öllok

1972 zeitweise ab. Ein Rückbau auf Rostfeuerung für den weiteren Betriebsdienst ist bei den Lokomotiven der DR-Baureihen 44.1-2 und 99.1 vorgenommen worden.

2.3. **Die Folgerungen aus der Umstellung von Steinkohle- auf Braunkohlefeuerung bei der Deutschen Reichsbahn**

Die Kessel und Verbrennungseinrichtungen der Lokomotiven, die Kohlelager, Bekohlungs- und Ausschlackanlagen aller Bahnbetriebswerke der Deutschen Reichsbahn waren fast ausschließlich auf Steinkohleverhältnisse berechnet und gebaut worden. Während man vor dem zweiten Weltkrieg nur knapp 1 Prozent der Brikettproduktion für die gesamte DRG benötigte, mußte die Deutsche Reichsbahn in den Jahren von 1945 bis 1953 ihren gesamten Lokomotivbetrieb fast ausnahmslos auf Braunkohlebrikettfeuerung umstellen. Das bedeutete, daß sie etwa 30 Prozent der Brikettproduktion verbrauchte!

Der Übergang auf Braunkohlebrikettfeuerung erforderte eine Vielzahl organisatorischer und technischer Maßnahmen, um den Lokomotivbetrieb störungsfrei und mit der bestmöglichen Wirtschaftlichkeit aufrechtzuerhalten. Der Arbeitsablauf im Lokomotivbetrieb ist gegenüber den Verhältnissen bei Steinkohlefeuerung so umfassend verändert, daß er an dieser Stelle ausführlich dargestellt werden soll.

Zurückgreifend auf die vorangegangenen Darstellungen soll nochmals an den Heizwert erinnert werden. Bei gleichbleibender Lokomotivleistung und damit unverändertem Dampfverbrauch mußten im Verhältnis der unterschiedlichen Heizwerte wesentlich größere Mengen Braunkohlebriketts auf den Rost werden als Steinkohle. Die Heizwertvergleiche ergeben theoretisch eine 1,5fach größere Brikettmenge für die gleiche Leistung, ohne den schlechteren Kesselwirkungsgrad bei Brikettfeuerung zu berücksichtigen. Die Rostbelastung (auf 1 m² Rostfläche in einer Stunde verbrannte Kohlemenge) war konstruktiv für Steinkohlefeuerung mit 300 bis 500 kg/m²h ausgelegt worden. Sie mußte nun z. T. verdoppelt werden, d. h. bis auf 750 kg/m²h gesteigert werden. Begünstigend wirkte sich allein der Umstand aus, daß der spezifische Luftbedarf für die Verbrennung von einem kg Brennstoff bei Braunkohlebriketts gegenüber Steinkohle 35 Prozent niedriger lag. Dadurch war es möglich, die wesentlich größeren Brennstoffmengen ohne Änderung der Saugzuganlage zu verbrennen, da der Gesamtluftbedarf etwa gleich blieb, obwohl die 1,5fache Brennstoffmenge aufgeworfen werden mußte.

Der wesentlich höhere Brikettverbrauch reduzierte den Aktionsradius der Lokomotive mit einer Tenderfüllung. Auf alten Bildern kann man erkennen, daß die Lokomotiv- und Werkstättenpersonale durch das Anbringen von Aufsatzbrettern das Fassungsvermögen der Tender zu erhöhen suchten, was wiederum zur Überlastung der Tenderfedern führte.

Problematischer gestalteten sich die Verhältnisse auf dem Rost. Die Lokomotiven verfügten über den Normalrost mit 14 mm breiten Rostspalten. Da die Briketts im Gegensatz zur Steinkohle, die bis zum völligen Ausbrand in groben Stücken auf dem Rost liegenblieb, während des Verbrennungsprozesses sofort in immer kleinere Stücke zerfielen, stiegen die Verluste an unverbranntem Brennstoff enorm. Bei jedem Beschicken des Feuers und allein schon durch die Fahrterschütterungen fielen infolge der ungenügenden Feuerstandfestigkeit große Mengen glühender Brikettteilchen in den Aschkasten und glühten aus, wenn er nicht laufend mittels der Aschkastennäßeinrichtung gekühlt wurde. Dampfmangel, zerstörte Aschkästen, ungangbare Luft- und Bodenklappen sowie glühende Rostbalken und durchgebogene, ja sogar eingestürzte Roste waren seinerzeit alltägliche Ursachen für Zuglaufstörungen. Um der Kohlevergeudung durch den hohen Rostdurchfall wirksam entgegentreten zu können, wurde das „Tote Feuerbett" geschaffen. Dazu belegte man den Rost mit einer Schicht hitzebeständiger, vielkantiger Steinbrokken (Basaltschotter, 50 bis 80 mm Korngröße; Silikatbruchsteine; Schamottesteine) und entzündete darauf das Feuerbett. Die Steinschlagschicht gewährleistete der Luft einen ungehinderten Durchtritt. Die kleinen Kohleteilchen der Briketts aber hielt sie in den zahlreichen scharfkantigen Zwischenräumen der Steinlage bis zum Ausbrennen auf. Außerdem diente sie als höchst willkommener Wärmespeicher, was den schroffen Abkühlungen der Feuerbüchse von der Rostseite her entgegenwirkte.

Vor allem der Basaltschotter aus Römhild (Thüringen) war als „totes Feuerbett" ideal. Er wies glatte Flächen auf, an denen sich keine Schlacke festsetzen konnte. Trotzdem auftretende zusammenhängende Schlackendecken ließen sich mit dem Schürgerät leicht aufbrechen. Silikat- und Schamottesteine eigneten sich weniger gut, da sie stärker zu Verbindungen mit der Schlacke neigten. Stark schlackende Briketts bildeten erhebliche Schwierigkeiten, weil die von der Schlacke umhüllten Steine meist nicht mehr von ihr zu lösen waren. Derartige Feuerbetten mußten ausgewechselt werden.

Gut eignete sich poröse Steinkohleschlacke, wenn sie grob zerschlagen und gleichmäßig auf dem Rost verteilt wurde. Das Reinigen solch eines Schlackebettes erforderte wesentlich weniger Kraftaufwand. Diese Feuerbettart gebrauchte man, wenn die Lokomotive abwechselnd mit Steinkohle und Braunkohle betrieben wurde.

Die Feuerführung mit dem „Toten Feuerbett" erforderte viel Aufmerksamkeit. Um den Rostdurchfallverlust so gering wie möglich zu halten, durfte man das Feuerbett keinesfalls so schwach anlegen, daß entblößte Rostflächen vorhanden waren. Forschung und Praxis hatten ergeben, daß 24 mm breite Rostspalten (gegenüber 14 mm) die besten Ergebnisse hinsichtlich des spezifischen Kohleverbrauches beim „Toten Feuerbett" ergaben (etwa 10 Prozent niedriger!). Da aber die Deutsche Reichsbahn Steinkohle oder Braunkohlebriketts wahlweise verfeuern wollte, kam es nicht zum Umbau der Roste auf 24 mm breite Rostspalten.

Als ausgesprochene Notmaßnahme vor der Einführung des „Toten Feuerbettes" galt die Verengung der Rostspalten auf 7 mm. Der Rostdurchfall konnte jedoch dadurch nicht verhindert, sondern nur eingeschränkt werden. Ergebnislos verlief auch die Suche nach Sonderrosten für Brikettfeuerungen.

Die leichten Zerfallsteilchen der Briketts wurden aus der Feuerbüchse durch die Rohre bis in die Rauchkammer mitgerissen, von wo sie als helle Funkengarben — je nach Lokanstrengung — den Schornstein verließen. Der bis dahin gebräuchliche Funkenfänger der Bauart „Holzapfel" mit 6 mm lichter Maschenweite erwies sich als völlig unzureichend für die Verhältnisse der Braunkohlefeuerung. Das „Tote Feuerbett" minderte zwar den Funkenflug, konnte ihn aber nicht völlig beseitigen. In der Rauchkammer wurde deshalb zwischen Rohrwand und auf 4 mm Lochmaschenweite abgeändertem Funkenfänger zusätzlich ein Prallblech eingebaut, um die Glutteilchen in der Rauchkammer weitestgehend niederzuschlagen. Nach laufendem Gebrauch der Rauchkammernäßeinrichtung (um das Ausglühen des Rauchkammerbodens und der Rauchkammertür zu verhindern) waren nach jeder Fahrt große Mengen Lösche aus der Rauchkammer zu entfernen. Wurde die Rauchkammernäßeinrichtung zu sparsam bedient, bewirkten ausgeglühte und verzogene Rauchkammertüren eine verminderte Saugzugerzeugung und damit wiederum Dampfmangel, Zuglaufstörungen und erhöhte Reparaturaufwendungen. Der Funkenflug aus dem Aschkasten konnte nach Einführung des „Toten Feuerbettes" zuverlässig vermindert werden.

Das Lokomotivpersonal konnte dem starken Abzehren kupferner Feuerbüchsen insofern vorbeugen, daß es gründlich die feuchten Ablagerungen an den Feuerbüchsseitenwänden entfernte.

2.4.   Das Kesselspeisewasser

Neben der Kohle ist das Wasser der wichtigste Betriebsstoff der Dampflokomotive. Das im Kessel verdampfte Wasser verläßt nach der Arbeitsverrichtung in den Zylindern die Lokomotive als Abdampf durch den Schornstein. Je nach Anstrengung der Lokomotive werden im Kessel pro Stunde etwa 8 bis 10 m³ Wasser verdampft. Es muß durch Nachspeisen laufend ersetzt werden. Das Kesselspeisewasser für den Dampflokomotivbetrieb wurde als Oberflächenwasser aus Seen, Teichen oder Flüssen oder aus besonders angelegten Brunnen entnommen. Bereits die Herkunft des Wassers war entscheidend für die darin enthaltenen Beimengungen (Sand, Schlamm, Ton, Algen, Pflanzenteile) und gelösten Stoffe (Luft, Sauerstoff, Kohlendioxid, Säuren, Salze). Alle diese Bestandteile waren für den Dampfkesselbetrieb unerwünscht. Während beispielsweise Sand und Schlamm durch ihre Schmirgelwirkung die aufeinandergleitenden und dichtenden Teile von Pumpen und Ventilen beschädigten, führten Ablagerungen von Kesselstein auf den Heizflächen zur Verschlechterung des Wärmeüberganges. Diese Ablagerungen hatten ihre Ursache in den gelösten Salzen, die die Härte des Wassers bestimmten. Die Härte wurde in „deutschen Härtegraden" (° dH) angegeben: 1° dH entsprach der Lösung von 10 mg Kalziumoxid (CaO) oder 7,19 mg Magnesiumoxid (MgO) in 1 l Wasser. Dabei mußte zwischen vorübergehender und bleibender Härte unterschieden werden. Die vorübergehende Härte bildete sich aus den Bikarbonaten (Ver-

bindung von Kalk und Magnesium mit Kohlensäure) und wurde deshalb auch als Karbonathärte bezeichnet. Schon im Vorwärmer, vor allem aber im Bereich der Rauch- und Siederohre im Kessel, wurden die Bikarbonate unter Abgabe von Kohlendioxid zersetzt und als Karbonatschlamm ausgefällt. Dieser Schlamm mußte während der Fahrt etwa alle 30 Minuten durch zwei bis drei Sekunden langes Betätigen der Abschlammventile am Lang- und Stehkessel entfernt werden. Bei nicht rechtzeitigem Abschlammen setzte sich der an sich lose Schlamm durch Hinzutreten von Härtebildern der bleibenden Härte als versteinerte Masse an den Rohren, Stehbolzen und Kesselblechen fest.

Die bleibende Härte war vor allem auf die Bestandteile von Kalziumsulfat ($CaSO_4$) und Magnesiumchlorid ($MgCL_2$) zurückzuführen. Vor allem das Kalziumsulfat (auch Gips genannt) war gefährlich, da es beim Erwärmen des Wassers in Lösung blieb und erst dann in kristalliner Form ausfiel, wenn durch Verdampfen und wiederholtes Nachspeisen die Sättigung des Wassers überschritten wurde. Es setzte sich auf den hinteren heißen Kesselteilen und Rohren ab und brannte dort zum vorerwähnten Kesselstein ein. Andere Salze setzten sich durch chemische Reaktion in Säuren um, die den Kesselbaustoff angriffen. Salze hoher Löslichkeit, die im Wasser blieben, führten zum Schäumen der Wasseroberfläche und verursachten das Überreißen von Wasser in die Dampfleitungen und Zylinder.

Mit hartem Wasser betriebene Lokomotiven waren also sehr schadanfällig. Wasser mit nicht mehr als 6° dH wurde als gut bezeichnet. Bis 12° dH war es noch brauchbar, darüber hinaus konnte es ohne Aufbereitung nicht verwendet werden. An allen Wasserkranen war zur Information des Personals neben der Ausflußmenge in m³ je Minute auch die Härte angeschrieben (Bilder 4.47 und 4.48).

Um brauchbares Kesselspeisewasser im Bahnbetriebswerk bereitstellen zu können, mußte es in stationären Aufbereitungsanlagen behandelt werden. Diese Anlagen arbeiteten nach verschiedenen chemischen Verfahren, deren Zweck es war, die Kesselsteinbildner in unlösliche Salze zu verwandeln, die als Schlamm aus dem Wasser ausfielen. Zugleich durfte aber keine Anreicherung mit löslichen Salzen erfolgen, um keine Ursachen für das Schäumen des Kesselwassers zu geben. Im Bahnbetriebswerk konnte je nach Umfang der Anlagen gefiltertes, enthärtetes oder sogar entsalztes Wasser bereitgestellt werden.

Seit 1935 wurde zunehmend an Verfahren gearbeitet, die Aufbereitung des Kesselspeisewassers auf die Lokomotive zu verlegen. Besonders verdient machte sich das Lokomotiv-Versuchs-Amt (LVA) Grunewald im Rahmen seiner Versuche zur Erhöhung der Standzeiten der Lokomotivkessel. Es ging darum, die unbefriedigenden Abschlammschieber der Bauart Strube durch wirksamere Verfahren oder Bauteile zu ersetzen. Man erprobte parallel zueinander neue Abschlammeinrichtungen (Bauarten Optima, Baltes, Gestra) und Speisewasserreiniger auf der Basis des Sodazusatzes (Dejektor-, Neckar-Verfahren), sogenannte „Enthärtungsanlagen". Durchsetzen konnte sich im Ergebnis dieser Untersuchungen nur der Abschlammautomat der Bauart Gestra, der ein schnelles, gründliches Abführen des Schlammes ohne größere Wasser- und Wärmeverluste zuließ.

Im Jahre 1950 führte die Deutsche Reichsbahn die ersten Versuche zur „inneren Speisewasseraufbereitung" durch, bei denen Chemikalien dem nicht weiter aufbereiteten Tenderwasser zugesetzt wurden. Sie konnten aber nicht befriedigen, weil Kesselsteinbildungen, Korrosionserscheinungen und das Schäumen nicht vermeidbar waren. Das Schäumen hatte seine Ursache im Auftreten von schwer zerplatzenden Dampfbläschen infolge hoher Konzentrationen von Salzen und festen Verunreinigungen im Kesselwasser. Die Bläschen vereinigten sich zu einer Schaumschicht auf der wallenden Wasseroberfläche, die bei geöffnetem Regler im Dampfdom etwa 200 mm höher stand als im übrigen Kessel. Dadurch wurde Wasser mitgerissen, das bis in die Zylinder gelangen und dort zu schwerwiegenden Schäden infolge „Wasserschlag" (Bruch der Zylinderdeckel, des Kolbens, der Treib- und Kuppelstangen, Rahmen- und Lagerschäden) führen konnte. Zumindest aber bewirkte der übermäßig nasse Dampf einen erhöhten Ölverbrauch oder auch das völlige Versagen der Schmierung.

Zur Verhütung des Überreißens wurde ein Antischaummittel verwendet, das sich bei der Deutschen Reichsbahn unter dem Namen „Skiantan" bewährte. Bei Wasser bis zu 30° dH wurden dem Tenderwasser 30 mg/m³ zugesetzt. „Skiantan" enthielt Chemikalien zum Verdrängen der Schmutzstoffe aus der Hülle der Dampfbläschen, so daß sich kein Schaum bilden konnte. Außer-

dem waren Holzextrakte (aus Eiche und Kastanie) zugesetzt, die den im Kesselwasser anfallenden Schlamm gleitfähig machten und das leichtere Auswaschen ermöglichten. Zum Antischaumkomplex gehörten außerdem noch Soda (Na_2CO_3) und Natriumbikarbonat ($NaHCO_3$). Diese Stoffe dienten als Fällmittel und zur Kristallkeimbildung der Härtebildner. Im Ergebnis der Härtebildnerreaktionen entstanden unlösliche Karbonate, deren Kristallwachstum nachhaltig gestört wurde: Sie fielen als ein fließfähiger und leicht entfernbarer Schlamm im Kessel der Lokomotive an. Dieser Schlamm backte nicht fest, brannte nicht ein und konnte auch nach dem Absetzen beim Stillstand der Lokomotive wieder durch erneute Dampferzeugung aufgewirbelt werden. Die weißen Fällungschemikalien (Soda, Natriumbikarbonat oder ein Gemisch aus beiden) wurden wie das braune Antischaummittel ebenfalls beim Wassernehmen dosiert. Die zuzusetzende Menge war von der Güte des Speisewassers abhängig. Das Labor jedes Bahnbetriebswerkes führte ständig Kesselspeisewasseruntersuchungen durch und gab den Lokpersonalen die ermittelten Analysenwerte bekannt.

Die Behälter mit den Chemikalien waren wassergeschützte, verschließbare Fässer, die auf dem Tender außen an der Rückseite des Kohlekastens standen. Bei rekonstruierten Lokomotiven waren auch Dosierungsbehälter im Führerstand an der Heizerseite angebracht. Die vorgeschriebene Menge beider Zusätze wurde entsprechend der mitgeführten Tabelle während des Wassernehmens mittels Meßbecher in das Wasser zugegeben („Dosieren").

2.5. Die Schmierstoffe

Die Dampflokomotive hatte eine große Anzahl aufeinandergleitender Metallflächen. Sobald diese Flächen direkt miteinander in Berührung sind, reiben sich die winzig kleinen Unebenheiten aneinander, was zur Erwärmung und zum Verschleiß führt (trockene Reibung). Im ungünstigen Falle kommt es zu Beschädigungen der sich berührenden Teile infolge von Oberflächenzerstörung („Fressen"). Damit werden diese Bauteile unbrauchbar. Die Trennung beider Metallflächen erfolgt deshalb stets durch das Ausfüllen der Unebenheiten mit einem Ölfilm oder einer Fettschicht und bewirkt den Übergang von der trockenen in die flüssige Reibung: Durch

Tabelle 2.6 Auswahl von Schmierölen der Deutschen Reichsbahn

Schmierölsorte	Zähflüssigkeit (Viskosität) [1]		Flamm-punkt	Stock-punkt	Neutrali-sation-zahl ND	Asche-anteil	Wasser-anteil
	°E/°C	cSt/°C	°C	°C		Prozent	Prozent
Heißdampf-Zylinderöl[2] Achsenöl	5,0 bis 8,5/100	40 bis 70/100	über 320	±0	unter 0,3	unter 0,1	unter 0,5
(Sommer)	8,0 bis 10,0/ 50	60 bis 75/ 50	über 160	unter — 5	unter 0,3	unter 0,1	unter 0,5
(Winter)	4,5 bis 8,5/ 50	30 bis 55/ 50	über 140	unter —20	unter 0,3	unter 0,1	unter 0,2
Kompressorenöl	10,0/ 50	68 bis 84/ 50	über 200	unter — 5	unter 0,2	unter 0,02	unter 0,1
Maschinenöl							
(Sommer)	6,0 bis 8,0/ 50	44 bis 54/ 50	über 175	unter — 5	unter 1,5	unter 0,1	unter 0,2
(Winter)	4,5 bis 6,0/ 50	32 bis 40/ 50	über 150	unter — 5	unter 1,5	unter 0,1	unter 0,2
Putzöl	3,0 bis 4,0/ 20	21 bis 29/ 20	über 125	unter —15	unter 1,5	unter 0,1	—

[1]) mit Angabe der Meßtemperatur bei der Bestimmung der Viskosität
[2]) als Vergleich das Naßdampf-Zylinderöl, das mit Ablösung der Naßdampfmaschinen seit der Jahrhundertwende an Bedeutung verlor: Viskosität 3,0 bis 6,0/100; Flammpunkt: über 240 °C

den Schmierfilm ist die unmittelbare Berührung aufgehoben. Der Widerstand sinkt auf den sehr geringen Wert der Reibung zwischen Metall und Öl. Die Reibungswärme verringert sich wesentlich.

Da es auf der Dampflokomotive eine große Zahl verschiedener Schmierstellen gab, wurden an die Schmierstoffe entsprechend differenzierte Anforderungen gestellt. Generell unterschied man zwischen Schmierölen und -fetten. Schmieröle wurden bei Schmierstellen mit Durchlauf- und Umlaufschmierung benutzt und von Hand (Öl-kanne, Ölspritze), halbselbsttätig oder selbsttätig durch Tropf- und Dochtöler, Öldruckpumpen und Schmierpumpen zugeführt. Schmierfette dagegen wurden dort verwendet, wo die Ölschmierung unwirtschaftlich bzw. unzweckmäßig war oder nicht angebaut werden konnte.

Die Schmiermittel mußten folgenden Ansprüchen genügen:
— gutes Haftvermögen an den Metallteilen,
— hohe Zähflüssigkeit (Viskosität) bei den unterschiedlichsten Einsatzzwecken, um den Schmierfilm unter allen Umständen zu erhalten. Dickflüssige Öle wie Heißdampföl hatten eine hohe Viskosität, dünnflüssigere Öle wie Achsenöl eine entsprechend niedrige. Ihre Maßeinheit war das Grad Engler (° E), in neuerer Zeit Zentistokes (cSt), nach dem SI-System heißt es kinematische Viskosität mit der Maßeinheit 1 mm ^{2}/s. Die Englergrade gaben an, wievielmal so groß die Ausflußzeit von 200 cm^3 Öl gegenüber der Ausflußzeit von 200 cm^3 destilliertem Wasser bei 20 °C war.

Aus der unterschiedlichen Zähflüssigkeit bei höheren und niedrigeren Temperaturen resultierte die Verwendung von Winter- und Sommeröl als Schmiermittel der Lauf- und Triebwerksteile. Zähflüssige Öle wurden für hoch belastete, langsam laufende Lager sowie Schmierstellen mit hohen Temperaturen (Zylinder) benutzt. Dünnflüssigere Öle eigneten sich besonders gut für Lager mit großer Umlaufgeschwindigkeit und geringerem Lagerdruck (Lauf-, Triebwerk).
— hohe Flamm- und Stockpunkte. Flamm- und Stockpunkte der Schmierstoffe sind Kriterien für das Verhalten unter bestimmten Temperaturen. Der Flammpunkt darf nicht erreicht werden, wenn der Schmierstoff z. B. im Bereich der von heißen Gasen durchströmten Schieber und Zylinder benutzt wird. Der Stockpunkt andererseits gibt an, wann das Schmiermittel bei starker Kälte z. B. zu Fett erstarrt, die ordnungsgemäße Schmierung nicht mehr gegeben ist,
— geringer Aschegehalt (Anteil an unverbrennbaren Bestandteilen); davon durften höchstens Spuren nachweisbar sein,
— Wassergehalt unter 1 Prozent, um die Schmierfähigkeit durch die Bildung einer Wasser-Öl-Emulsion nicht zu beeinträchtigen,
— geringer Säuregehalt. Säure im Schmiermittel bedeutet zersetzende Angriffe auf die Werkstoffe. Der Säuregehalt wird durch die Neutralisationszahl (ND) ausgedrückt. Die ND-Zahl gibt an, wieviel mg Kalilauge nötig sind, um die Säure aus 1 g Öl zu neutralisieren.

Reine Öle haben eine niedrige ND-Zahl, und ein Öl mit ND = 0,14 gilt als säurefrei.

Die Tabelle 2.6 gibt einen Überblick über die im Dampflokomotivbetrieb der Deutschen Reichsbahn gebräuchlich gewesenen Schmieröle.

Der durchschnittliche Bedarf an Schmierstoffen hing ab von der Baureihe, dem Grad ihrer Beanspruchung (Zug-, Verschiebedienst), den Wetterbedingungen, den Streckenverhältnissen (Neigungen, Krümmungen) und von den Fertigkeiten des Lokomotivpersonals beim Pflegen und Abölen. Der Verbrauch an Schmierstoffen war genormt und wurde bei der Deutschen Reichsbahn als „Darfverbrauchssatz" festgelegt.

Insgesamt galt als Faustregel, daß sich der Ölverbrauch etwa zu

45 bis 60 Prozent auf die Achslager,
30 bis 40 Prozent auf das Triebwerk und
12 bis 20 Prozent auf die Tenderachslager

verteilte. Für die einzelnen Schmierstellen rechnete man mit folgendem Ölverbrauch:

Schmierstelle	Art der Schmierung	Ölverbrauch (g/1 000 km)
Achslager	Ölschmierung mit Dochten	700 bis 1 000
Treib- und Hauptkuppelzapfen	Nadelschmierung	250 bis 550
übrige Kuppelzapfen		200 bis 450
Kreuzkopf, Gleitbahn, vorderes Treibstangenlager	Fangdochte, einstellbare Schmiernadel	900 bis 1 200
Gewerk insgesamt	Dochte, Nadelschmierung	500 bis 800
Tenderachslager (Gleitlager)	Unterschmierung mit Schmierpolster	250 bis 350

Um für jede Lokomotivgattung einen Richtsatz ermitteln zu können, war ein Bewertungs-Punktsystem gebräuchlich:

Achse		Schmierstellen	Bewertungspunkte
Laufachse		2 Laufachslager	1
Treibachse	2 Zylinder	2 Treibachslager 4 große Stangenlager 2 Kreuzköpfe, Gewerk	4
	3 Zylinder	2 Treibachslager 5 große Stangenlager 3 Kreuzköpfe, Gewerk	6
	4 Zylinder	2 Treibachslager 6 große Stangenlager 4 Kreuzköpfe, Gewerk	7

Achse	Schmierstellen	Bewertungspunkte
Kuppelachse	2 Kuppelachslager 2 kleine Stangenlager	2
Tenderachse	2 Achsgleitlager	0,5

Bei Lokomotiven mit zwei Treibachsen (z. B. BR 03.10, 17.10-11, 44) war die zweite Treibachse als Kuppelachse und die erste Treibachse entsprechend der Gesamtzahl der Zylinder zu bewerten.

Die aus diesem System ermittelte Gesamtpunktzahl mußte je nach dem zu leistenden Dienst mit dem „Dienstfaktor" multipliziert werden:

Dienstart	Dienstfaktor Sommer	Winter
Schnellzugdienst	1,7	1,3
Personenzugdienst	1,5	1,2
Güterzugdienst	1,2	1,0
Verschiebedienst	0,9	0,8

Für eine Lokomotive der Baureihe 38.10-40 zum Beispiel wurde der Richtsatz anhand dieser Wertetabellen wie folgt ermittelt:

2 Laufachsen	= 2 Punkte
1 Treibachse (2 Zylinder)	= 4 Punkte
3 Kuppelachsen	= 6 Punkte
4 Tenderachsen	= 2 Punkte
	14 Punkte

eingesetzt in den Sommermonaten im Personenzugdienst: $14 \times 1,5 = 21$

Dieser Wert entsprach einem Richtsatz in der Maßeinheit kg Achsenöl auf 1 000 km, d. h. die Lok unseres Beispiels hatte einen Verbrauchssatz von 21 kg/1 000 km. (Für besonders krümmungsreiche Strecken konnten bis zu 5 % zugeschlagen werden.)

Der Darfverbrauchssatz für Heißdampföl (Zylinder-, Schieberschmierung) hing vom Treibraddurchmesser und der Anzahl der Kolbenhübe ab.

Schmierstelle	benötigte Ölmenge (kg/1 000 km) Schnellzuglok	Güterzuglok
1 Zylinder 1 Schieber (2 Schmierstellen)	0,24	0,34
1 Kolbenstange (2 Schmierstellen)	0,12	0,17
1 Schieberstange (2 Schmierstellen)	0,04	0,06
	0,64	0,91

Für die Einheitslokomotiven setzte die Deutsche Reichsbahn einen Richtsatz von 1 kg Zylinderschmierstoff je Zylinder und 1 000 km Laufleistung fest. Für Pumpen betrug er 1 kg Naßdampföl und 0,3 kg Kompressoröl je 1 000 km.

Die Ölzuführung zu den einzelnen Schmierstellen war unterschiedlich gelöst und hing weitgehend von der Art der Ölstelle ab. Während der Heizer beim Abölen gut zu erreichender Teile (wie Achslagergleitplatten, Bremsgestänge, Ausgleichshebel der Federung) das Öl mittels der Ölspritze in Schmiernuten (Schmierlöcher) oder an der Stoßfuge aufeinandergleitender Teile einbrachte, waren Achslager, Schwingenlager, Drehzapfen, Kesselauflage, Stoßpufferplatten u. a. mit einer Dochtschmierung versehen. Hier saugte ein in der Öltülle steckender Docht das Öl auf und ließ es in die Tülle tropfen. Daraus gelangte es an die zu versorgende Schmierstelle. Der Heizer mußte aus diesen Ölgefäßen vor dem Auffüllen frischen Öles eventuell eingedrungenes Wasser entfernen. Weil das Wasser schwerer als das Öl ist und sich unter ihm absetzt, konnte er es absaugen. Dazu benutzte er die Ölspritze, ebenso beim nachfolgenden Ölnachfüllen. Die Dochte mußten nach Beendigung der Fahrt abgezogen werden, um den Ölfluß zu unterbrechen. Vor Beginn der nächsten Fahrt setzte der Heizer alle Dochte wieder ein.

Lager, die ständig in Bewegung waren (Stangenlager), wurden unter Zuhilfenahme der Schleuderwirkung der kreisenden Lager geschmiert. Im Stillstand war diese Ölzufuhr automatisch unterbrochen. Ältere Maschinen hatten Stangenlagerschmierung mit Pilzverschlüssen, bei denen das Öl durch einen einseitig abgeflachten Stift in der Öltülle abfließen konnte. Neuere Lokomotiven besaßen Stangenlagerschmiergefäße mit Nadelschmierung. Eine in der Öltülle gleitende Schmiernadel bewegte sich in dieser Nadelführung auf- und abwärts. Dadurch förderte sie Öltropfen in die unterhalb der Tülle befindliche Schmierstelle. Der Heizer hatte auf leichtes Spiel dieser Nadeln zu achten. Das Öl durfte nur bis in Höhe der Öltülle stehen; stand es höher, kam kein Ölfluß mehr zustande.

Solange die Lokomotiven nur zwei Zylinder hatten, befanden sich alle Schmierstellen des Triebwerkes außen und waren leicht zugänglich. Bei den Maschinen mit drei oder vier Zylindern (Innentriebwerk) lagen aber komplette Triebwerksteile zwischen den Rahmenwangen. Es ist gut vorstellbar, wie unbequem und schwierig sich der Zugang zu allen innenliegenden Schmierstellen für den Heizer gestaltete. Die unter Dampf gleitenden Baugruppen erhielten das Zylinderöl über Schmierungen verschiedener Bauarten, die meist auf der Heizerseite des Führerstandes angeordnet waren und von der letzten Kuppelachse mittels Hebelgestänge angetrieben wurden (Bauart Bosch, Michalk, Friedemann). Naßdampflokomotiven waren mit dem Dampföler der Bauart De Limon ausgerüstet. Über Feineinstellungen war die benötigte Ölmenge für jede Schmierstelle einzeln einregelbar. Auf den Luft- und Speisepumpen beförderten eigens angeordnete kleine Schmierpumpen das Öl zu ihren aufeinandergleitenden Teilen. Das dickflüssige Heiß- und Naßdampföl mußte an der Stehkesselrückwand in der Kanne warmgehalten werden, damit es beim Abölen besser fließen konnte. Die übrigen Ölsorten wurden in ihren Kannen auf der Tenderlok in einem Ölkasten meist unterhalb des Führerhauses oder bei den Schlepptendermaschinen in der Regel in einem Schrank an der Tenderrückseite mitgeführt.

An Fetten waren im Dampflokbetrieb gebräuchlich:

— Führerbremsventilfett (50 % Rindstalg, 40 % Heißdampföl, 10 % Hahnfett und 0,1 % Graphit),

— Bremshahnfett (96 % Naturvaseline, 4 % Bienenwachs),

— Hahnfett für Dampfhähne und Ventile,

— Naturvaseline zum Fetten von Schlössern, Bremsteilen und zum Tränken von Hanfseelen (Dichtungshanf),

— Talg zum Herstellen von Seifentalglösungen für die Luftzylinder der Luftpumpen und zum Einfetten von Dichtungshanf,

— Starrschmiere zum Fetten der Gleitflächen von Drehgestellen und Bremsgestängen.

Fette mußten im Gegensatz zu den Schmierölen aller Art nicht täglich an ihre Fettstellen gebracht werden, sondern fanden ausschließlich bei der Erledigung der verschiedenen Fristarbeiten in der Werkstatt ihre Anwendung. Als Sonderform diente Heißdampföl mit einem hohen Graphitanteil zum Schmieren der Schlingerstücke, der Lukenpilze und deren Dichtringen, um das Festbrennen zu vermeiden.

2.6.   Der Sand

Jede Lokomotive stützt sich — unabhängig von ihrer Antriebsart — mit allen Rädern auf den Schienen ab, die ihrerseits über die Schwellen und das Schotterbett sicher im Unterbau gelagert sind. Wenn die angeriebenen Räder von der Kraftmaschine und dem Kurbeltrieb in Drehung versetzt werden, ist es allein die Haftreibung am Berührungspunkt zwischen Rädern und Schienen, die ein Festhalten der Räder auf den Schienen bewirkt. Das hat seine Ursache in den mikroskopisch kleinen Unebenheiten selbst der sonst noch so glatt erscheinenden Oberfläche, die sich ineinander verzahnen und verklammern. Dieser sogenannten Haftreibung wirken Faktoren entgegen, die im täglichen Betrieb der Eisenbahn immer wieder auftreten: Nässe, veröltte Schienen, Laubfall, Neigungen. Sie alle sind in der Lage, den Reibungswert der trockenen Schiene auf über die Hälfte zu vermindern. Es müssen also für den sicheren Lokomotivbetrieb Möglichkeiten geschaffen werden, die Reibung bei Bedarf zu vergrößern, d. h. die negativen Einflußfaktoren weitestgehend auszuschalten. Dazu dienen die Sandstreuvorrichtungen.

Sandstreuvorrichtungen an Dampflokomotiven sind erst um 1860 herum allgemein eingeführt worden, obwohl es seit Anfang der vierziger Jahre des vorigen Jahrhunderts Erfindungen auf diesem Gebiet gab. Bei manchen Bahnverwaltungen mit schwierigen Neigungsstrecken war es in der Frühzeit der Eisenbahn bei schlechtem Wetter üblich, daß ein Bahnwärter auf besondere Pfeifsignale des Lokomotivführers hin die Schienen vom Laub reinigte und sogar sandete! Dazu wurde neben dem Gleis in Abständen Sand vorrätig gehalten.

Die ersten Sandstreuvorrichtungen waren zum Teil recht raffiniert gestaltet, um unter allen Umständen genügend Sand vor die Kuppelräder bringen zu können. Es hat Jahre gedauert, bis sich die Erkenntnis durchsetzte, daß es allein von der Qualität des Sandes abhing, ob und wie lange eine solche Vorrichtung wirksam war. Die Ursache lag ganz einfach darin, daß ein Lokomotivstreusand keine Lehmanteile enthalten darf, weil Lehm bei feuchtem Wetter Wasser ansaugt und das Sand-Lehm-Gemisch zusammenbackt. Bei warmem oder trockenen Wetter ist diese Masse dann nur noch mit dem Brecheisen zu lockern. Frühzeitig erkannten einige Bahnverwaltungen, daß der Sand möglichst aus Flüssen oder Seen zu entnehmen ist und vor Gebrauch getrocknet, besser noch gebrannt werden muß, um seine hygroskopischen Eigenschaften zu beseitigen. Die damals noch kostspieligen und umständlichen Einrichtungen konnten sich aber nicht durchsetzen. So wurden die vielgestaltigsten mechanischen Sandstreuer mit vom Führerstand aus zu betätigenden Rühr-, Rüttel- und Absperrvorrichtungen ersonnen. Sie lagen teilweise mit der Einfüllöffnung bündig zum Laufblech, teils bereits auf dem Kessel.

Lange Zeit ist dann ein Sandkasten gebräuchlich gewesen, in dessen trichterförmigem Unterteil quer zur Längsachse der Lok eine Förderschnecke lag, die je zur Hälfte rechts- und linksgängig war und den Sand in die beiderseits des Kessels hinunterführenden Fallrohre beförderte. Die Schnecke wurde vom Führerstand aus mit einem Hebel gedreht. Die Lokomotiven der Deutschen Reichsbahn besaßen fast ausnahmslos nur noch die pneumatischen Sandstreuvorrichtungen, bei denen die Druckluft mehrere Funktionen erfüllte: Der Sand wurde je Fallrohr von einem Druckluftstrahl kurz vor Verlassen des Sandkastens aufgewirbelt, um dann von einem weiteren Strahl in das Fallrohr transportiert zu werden. Die Sandfallrohre endeten etwa 65 mm oberhalb der Schienenoberkante. Damit die Sandstreuvorrichtung unter allen denkbaren Umständen im Lokomotivbetriebsdienst einwandfrei arbeiten konnte, mußten mehrere Bedingungen erfüllt sein:

— der Sand durfte nur maximal 2 Prozent lehmige und tonige Stoffe enthalten und sollte möglichst als Fluß- oder Seesand (Quarzsand) gewonnen worden sein,
— der Sand sollte gesiebt und die Korngröße sollte 0,5 bis 1,6 mm sein,
— der Sand mußte getrocknet und rieselfähig vorrätig gehalten werden,
— auf den Lokomotiven mußte der Sand trocken gehalten werden können.

Aus dieser letztgenannten Forderung resultierte die Anordnung des Sandkastens auf dem Scheitel des Langkessels bei allen Lokomotiven der Deutschen Reichsbahn.

Der Sandverbrauch war abhängig vom Wetter und den Neigungsverhältnissen der zu befahrenden Strecken. Abgefahrene und stark veröltte Gleise begünstigten die Schleuderneigung. Im Betriebsdienst wurde mit einem durchschnittlichen täglichen Verbrauch von 0,02 bis 0,03 m^3 Sand je Lokomotive gerechnet.

3. Das Bahnbetriebswerk

3.1. Die Aufgaben

Das Bahnbetriebswerk ist als selbständige Dienststelle für die Behandlung und Unterhaltung der Triebfahrzeuge zuständig. Es hat die für den Fahrdienst erforderlichen Lokomotiven und Triebwagen rechtzeitig und leistungsfähig dem Betrieb zuzuführen. Größe und Ausstattung eines Betriebswerkes müssen so bemessen sein, daß es auch bei Verkehrsspitzen seinen Aufgaben gewachsen ist.

In dieser trockenen Begriffsbestimmung ist bereits alles wesentliche enthalten, doch wir wollen es nicht bei der Theorie bewenden lassen. Jede Lokomotive ist einem bestimmten Bahnbetriebswerk zugeordnet. Der Name des Heimat-Bw ist an der Führerhausseitenwand, zusammen mit der Heimat-Direktion, angeschrieben. Das Bahnbetriebswerk umfaßt alle technischen Anlagen, die erforderlich sind, um von der Fahrt kommende Lokomotiven sofort wieder einsatzbereit herrichten zu können. Dazu gehören Gleisanlagen, bauliche und maschinelle Anlagen, der Verwaltungsdienst. Gegen andere Betriebsanlagen, wie Bahnhöfe und freie Strecken, ist es durch Ein- und Ausfahrweichen abgeschlossen. Das Bahnbetriebswerk regelt den betrieblichen Lokomotiveinsatz (Bespannen der Züge, Schiebefahrten) und ist für die Pflege und Unterhaltung der zugeordneten Lokomotiven verantwortlich. Ihm obliegt außerdem die Aufsicht über auswärtige kleinere Lokomotivbahnhöfe, die als Außenstellen mit den notwendigsten maschinentechnischen Anlagen ausgerüstet sind. Darüber hinaus ist es Aufgabe eines Bahnbetriebswerkes, weitere maschinentechnische Anlagen zu betreiben, zu beaufsichtigen und zu unterhalten, die zu anderen Dienststellen gehören. Dazu zählen z. B. die Wasserversorgungsanlagen auf Unterwegsbahnhöfen, die Wasserkräne des eigenen Bahnhofs, die Aufzüge auf den Bahnsteigen usw.

Alle Lokomotiven — wir wollen im weiteren nur die Dampflokomotiven betrachten — müssen in bestimmten Zeitabständen, die im Lokomotivdienstplan festgelegt sind, in das Betriebswerk einkehren, um Betriebsstoffe zu ergänzen oder weil es der Unterhaltungsplan der Lokomotive vorsieht. Betriebsstoffe dürfen in allen Bahnbetriebswerken geladen werden. Unterhaltungsarbeiten dagegen sind möglichst im Heimatwerk und nur in Ausnahmefällen unterwegs durchzuführen.

3.2. Lage und Arten

Bahnbetriebswerke wurden an den Knotenpunkten des Eisenbahnnetzes und in der unmittelbaren Nähe der Bahnhöfe, in denen Züge gebildet und aufgelöst werden (Zugbildungsbahnhöfe), errichtet. Im Gebirge war es üblich, die Betriebswerke den Bahnhöfen am Fuße langer, starker Steigungen zuzuordnen, damit die Lokomotiven diese Rampen mit anhaltender, voller Leistungsfähigkeit befahren konnten. In Industriebezirken mit dichten Streckennetzen und starkem Güterzugbetrieb mußten die größten Bahnbetriebswerke errichtet werden. Dort vollzieht sich der Wagenab- und -zulauf über Sammelbahnhöfe, von denen sich die Hauptabfuhrlinien verzweigen.

Bahnbetriebswerke schließen sich in der Regel unmittelbar an die Bahnhofsanlagen an. Liegen sie weiter entfernt, sind sie mit diesen durch Lokomotivgleise verbunden. Zur Vermeidung von Unfällen und Behinderungen ist es vorteilhaft, daß Bahnbetriebswerke für Straßenfahrzeuge und Fußgänger schienenfrei erreichbar sind.

Eine besonders wichtige Bedingung für die Standortwahl eines Bahnbetriebswerkes war der Baugrund. Die Grundmauern aller Drehscheiben, Schiebebühnen und Arbeitsgruben erfahren hohe

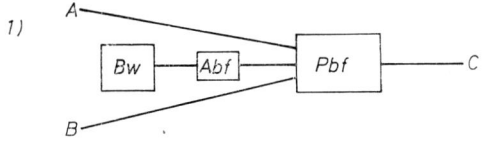

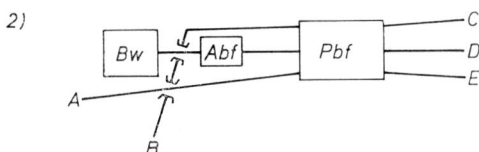

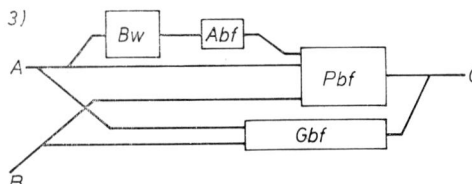

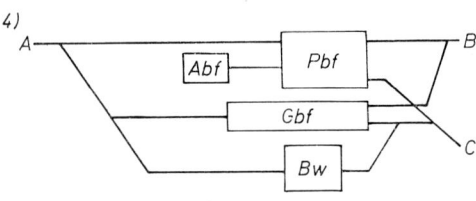

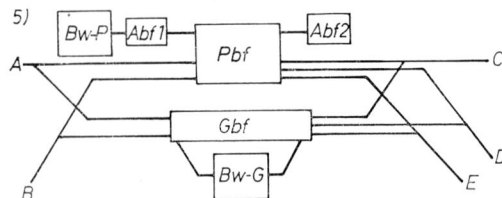

Druckbelastungen und müssen enorme Stoßbeanspruchungen auffangen. Größter Aufmerksamkeit bedurfte der störungsfreie Betrieb der Drehscheiben und Schiebebühnen, um die angeschlossenen Lokomotivschuppen ständig zugänglich zu halten. Deshalb war die absolut unveränderliche Höhenlage ihrer Lauf- und Anschlußschienen wichtigste Voraussetzung. Dazu gehörten tragfähiger Baugrund und genaue Kenntnis der Bewegungen des Grundwassers. Weil im Bahnbetriebswerk große Mengen Schmutzwasser anfallen, die zusätzlich zu den Niederschlägen abgeführt werden müssen, ergaben sich stellenweise komplizierte Probleme: Die Arbeiten in Kellern, Gruben, Kanälen und Achssenken sowie der Betrieb der Drehscheiben und Schiebebühnen durften nicht durch zurückstauendes oder aufsteigendes Wasser behindert werden. Selbstverständlich konnten Bahnbetriebswerke immer nur dort gebaut werden, wo eine ausreichende Versorgung mit Wasser, Gas und Elektrizität gesichert war.

Neben diesen Gesichtspunkten mußten für die Lage eines Bahnbetriebswerkes auch die Betriebsverhältnisse berücksichtigt werden, weil sie direkten Einfluß auf eventuelle spätere Erweiterungen haben. Bahnbetriebswerke für Lokomotiven, die ausschließlich im Reisezugdienst eingesetzt sind, werden meist mit den Abstellanlagen der Reisezüge vereinigt. Beide befinden sich in unmittelbarer Nähe der Personenbahnhöfe. Die einfachste Gleisführung ergibt sich dann, wenn Abstellgleise und Betriebswerk zwischen den Hauptgleisen liegen. Jedoch sind derartig angeordnete Bahnbetriebswerke in ihren Erweiterungsmöglichkeiten eingeengt und für Straßenfahrzeuge und Fußgänger schwer zugänglich. Zweckmäßiger ist die Lage an der Außenseite oder hinter dem Schnittpunkt der Auseinanderlaufenden Strecken. Damit kann es zugleich günstig an die Abstellanlagen angeschlossen werden.

In der überwiegenden Anzahl sind jedoch Personen- und Güterbahnhöfe miteinander verbunden.

Bild 3.1 Lage des Bahnbetriebswerkes.
Abf Abstellbahnhof, Bw-G Bahnbetriebswerk für Güterzuglokomotiven, Bw-P Bahnbetriebswerk für Personenzuglokomotiven, Gbf Güterbahnhof, Pbf Personenbahnhof
A bis E Streckenbezeichnungen
1) Bahnbetriebswerk für Personenbahnhof in unmittelbarer Nähe des Abstellbahnhofes zwischen den Hauptgleisen. Das Bw ist schwer oder nicht mehr erweiterungsfähig
2) Bahnbetriebswerk für Personenbahnhof in Außenlage. Eine spätere Erweiterung ist möglich

3) Bahnbetriebswerk für alle Lokomotivgattungen, aber auf der Seite eines großen Personenbahnhofs, d. h. erhöhter Zulauf von Reisezuglokomotiven
4) Bahnbetriebswerk für alle Lokomotivgattungen, aber auf der Seite eines großen Güterbahnhofs, d. h. erhöhter Zulauf von Güterzuglokomotiven
5) getrennte Bahnbetriebswerke für einen Großstadtbahnhof: Bw-P für Reisezuglokomotiven am Personenbahnhof, Bw-G für Güterzuglokomotiven am Güterbahnhof; beide Bw in Außenlage. *Sammlung: List*

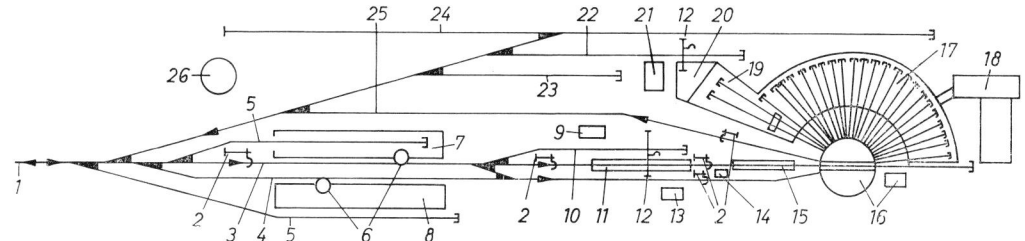

Dann liegt das Bahnbetriebswerk auf der Seite der Bahnhofsanlage, die den stärksten Zu- und Ablauf an Lokomotiven hat. Verfügt es über ausreichenden Platz für mehrere Lokomotivschuppen, dann werden diese, nach Lokomotivgattungen getrennt, räumlich den Bahnhofsanlagen zugeordnet.

Für große Bahnhöfe in Großstädten wurden die Bahnbetriebswerke den betreffenden Betriebs- und Abstellanlagen direkt zugeordnet. Die Trennung in Betriebswerke für den Reisezug- und für den Güterzugdienst war auch notwendig, weil die Leistungen der einzelnen Bahnhöfe unterschiedlich sind: Im Güter- und Rangierbahnhof treten starke Schwankungen im Verlaufe eines Tages, Monats und Jahres auf. Der Güterzugdienst bringt ständig Änderungen der Zugdichte und häufig auch erhebliche Verspätungen mit sich. Die Lokomotiven laufen dem Betriebswerk deshalb stoßweise und unregelmäßig zu. Dem gegenüber ist der Reisezugdienst relativ gleichmäßig, und der Zulauf der Lokomotiven gestaltet sich kontinuierlicher. Eine gleichzeitige Behandlung der Personen- und Güterzuglokomotiven ist also ohne gegenseitige Störungen nicht gut möglich. Das gelingt in Ausnahmefällen nur dort, wo die baulichen und maschinellen Anlagen reichlich bemessen sind.

Der Anschluß des Bahnbetriebswerkes an die Gleisanlagen des Bahnhofes ist örtlich verschieden. Für kleine Betriebswerke genügt in der Regel ein Lokomotivgleis, während mittlere und große Betriebswerke meist zweigleisig und auch noch nach Verkehrsrichtungen getrennt an die Anlagen des Zugbildungsdienstes angeschlossen sind. Große Bahnbetriebswerke besitzen zudem häufig eine Gleisverbindung von einem Flügel zum anderen um das Außenseite herum, um bei Störungen unabhängig von den Gleisen der übrigen Anlagen des Bahnhofes freizügig die Lokomotiven umsetzen zu können.

Die Lokomotivgleise, die das Bahnbetriebswerk

Bild 3.2 Schema der Gleisanlagen eines Bahnbetriebswerkes
1 vom/zum Bahnhof, 2 Wasserkran, 3 Einfahrgleis (Hauptbekohlungsgleis), 4 Wendegleis (Nebenbekohlungsgleis), 5 Kohlewagengleis, 6 Drehkran, 7 Hauptkohlenbansen, 8 Nebenkohlebansen, 9 Aufenthaltsraum der Betriebsarbeiter, 10 Schlackewagengleis, 11 Ausschlackanlage, 12 Bockkran, 13 Sodalager, 14 Besandungsanlage, 15 Untersuchungskanal, 16 Drehscheibe mit Wärterhaus, 17 Lokomotivschuppen, zwei Gleise mit Achssenke, 18 Lokleitung/Verwaltung/Übernachtung/Sozialgebäude, 19 Werkstattanbau, 20 Rampe, 21 Ölausgabe, 22 Werkstattgleis, 23 Hilfszuggleis, 24 Abstellgleis („Rand"), 25 Ausfahrgleis, 26 Wasserturm. *Sammlung List*

mit dem Bahnhof verbinden, sind so angelegt, daß die Maschinen weitgehend ohne Kreuzung der Haupt-, Rangier-, Auszieh- und Ablaufgleise sowie ohne unnötige „Sägebewegung" (mehrmals aufeinanderfolgendes Vorwärts- und Rückwärtsfahren) von und zu den Zügen fahren können. Es gibt Anlagen, bei denen die Lokomotivgleise sogar unterhalb der Betriebsgleise und Ablaufberge hindurchgeführt sind. Um die Reihenfolge der Maschinen vor der Einmündung der Lokomotivgleise in die der übrigen Betriebsanlagen ändern zu können, sind Ausweichgleise vorgesehen, die in der Nähe der Bahnsteige sowie der Ein- und Ausfahrgruppen außerdem noch mit einem als Wartegleis dienenden Gleisstumpf verbunden sein können.

3.3.   „Restaurieren" bis „Fristarbeiten"

Die Dampflokomotive mußte nach jeder Fahrt ihre Betriebsstoffe ergänzen — Wasser bei längeren Fahrten auch unterwegs —, und es fielen stets Verbrennungsrückstände an, die von der Lokomotive zu entfernen waren. Zu den weiteren Arbeiten zählten das äußerliche Reinigen der Lokomotiven und das Blasen der Rohre. Das geschah im Bahnbetriebswerk und wurde unter

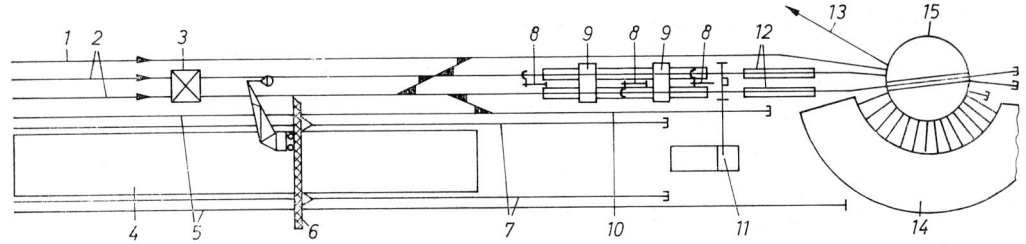

Bild 3.3 Schema einer großen Bekohlungs- und Ausschlackanlage:
1 Umfahrungsgleis, 2 Bekohlungsgleis, 3 Kohlebunker,
4 Kohlebansen, 5 Kohlewagengleis, 6 Brückenkran, 7 Kran-
fahrbahn, 8 Wasserkran, 9 Schlackesumpf der Ausschlackanlage, 10 Schlackewagengleis, 11 Aufenthaltsraum der
Betriebsarbeiter mit angebauter Besandungsanlage,
12 Untersuchungskanal, 13 Ausfahrgleis, 14 Lokomotivschuppen, 15 Drehscheibe.
Sammlung List

dem Sammelbegriff „Restaurieren", d. h. „Wie-
derherrichten zur Fahrt" zusammengefaßt. Neben
den Unterhaltungsarbeiten und dem Auswaschen
des Kessels mußten bei Bedarf auch Reparaturen
vorgenommen werden. Aber das Bahnbetriebswerk gewährte auch den unter Dampf stehenden Maschinen während ihrer Dienstpause und
Bereitschaftszeit im Lokomotivschuppen Schutz

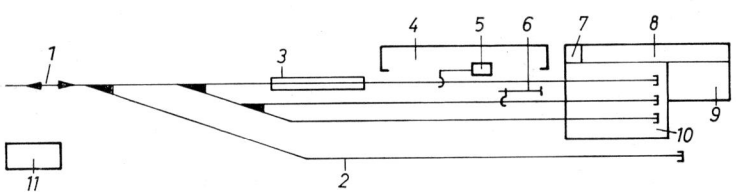

Bild 3.4 Lokomotivbahnhof Kalbe/Milde des Bahnbetriebswerkes Salzwedel um 1970 (unmaßstäblich)
1 von/zum Bahnhof, 2 Abstellgleis, 3 Ausschlackkanal,
4 Kohlebansen, 5 Drehkran, 6 Wasserkran, 7 Wasserturm-
anbau, 8 Werkstattanbau, 9 Magazinanbau (Lager), 10 Lokomotivschuppen, 11 Sozialgebäude.
Sammlung List

gegen die Witterung und nahm alle kalt abgestellten Lokomotiven auf.
Um diesen vielfältigen Aufgaben gerecht werden
zu können, brauchte jedes Bahnbetriebswerk ver-
schiedenartigste technische Anlagen. Die Loko-

Bild 3.5 Gleisanlagen des Bahnbetriebswerkes Stendal um
1939 (unmaßstäblich)
Agl Anschlußgleis, ASA Ausschlackanlage (mit Stetigför-
derer), KB Kohlebansen, KK Einheits-Kohlekran (außerdem
Greiferdrehkran vorh.), Li Lichtzentrale, LL Lokleitung,
Lsch Lokomotivschuppen, z. T. mit Werkstattanbauten,
S Besandungsanlage, Stw Stellwerk für den Bw-Bereich,
Ü Übernachtungsgebäude, WEA Wasserenthärtungsanlage,
WR Waschräume, WT Wasserturm.
Sammlung List

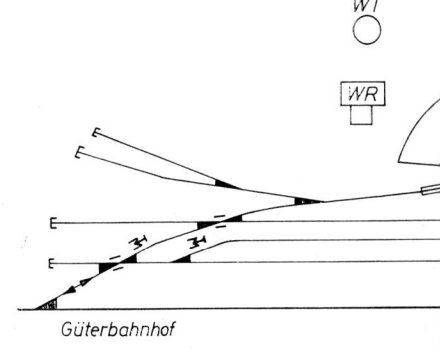

30

motiven durchliefen diese Anlagen nach einem festen Schema. So wurde grundsätzlich zuerst bekohlt. Dann folgten das Entschlacken des Rostes und darauf das Entleeren der Rauchkammer. Meist konnte beim Entschlacken zugleich Wasser genommen werden. Sonst ist spätestens beim anschließenden Sandnehmen der Wasservorrat ergänzt worden. Danach folgte das Abölen durch den Heizer und das Prüfen von Fahrwerk, Rahmen, Dampfmaschine und Bremse durch den Lokführer. Dem schlossen sich entweder das Abstellen (im Schuppen bzw. im Freien) oder das Drehen in Fahrtrichtung und das Ausfahren aus dem Betriebswerk an. Alles in allem war das mindestens eine gute Stunde schwere, schmutzige aber sorgfältig durchzuführende Arbeit.

Eine sehr wesentliche Aufgabe des Bahnbetriebswerkes bestand neben diesen technischen Obliegenheiten darin, den Lokomotivdienst zu regeln. Dazu gehörte das Aufstellen eines „Lokomotivdienstplanes", der bei jedem Fahrplanwechsel für den planmäßigen Lokomotiveinsatz neu zu erstellen war. Dieser Dienstplan bestimmte die Wirtschaftlichkeit und reibungslose Betriebsabwicklung. Ein geschickt und durchdacht

Bild 3.6 Ausschlacken einer Schmalspurlokomotive mit der Schaufel. Bahnhof Göhren, 1982.   *Foto: Koehler*

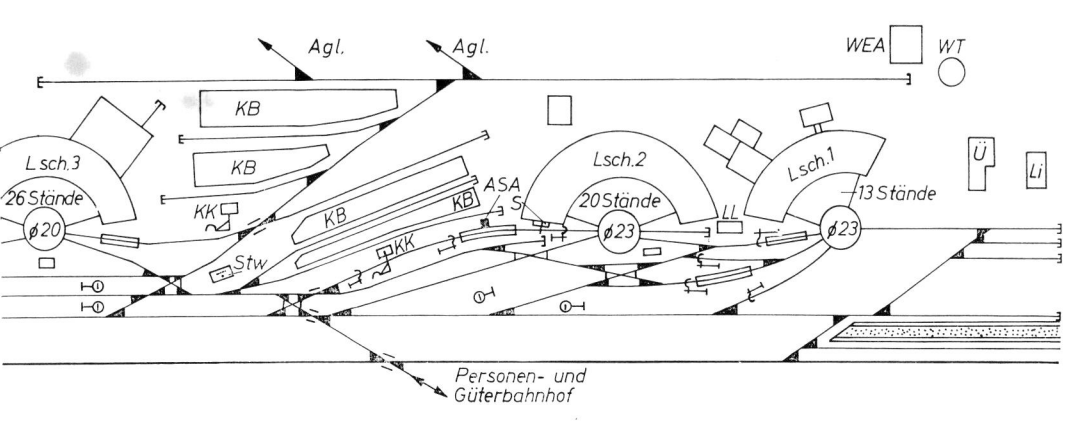

Bild 3.7 Bekohlen mit dem Raupendrehkran RK 3. Lokomotivbahnhof Rathenow, 1983.　　　　　*Foto: Koehler*

Bild 3.8 Auf dem Ausschlackkanal. Bahnbetriebswerk Salzwedel, 1984. *Foto: List*

Bild 3.9 Wassernehmen am Ausschlackkanal. Bahnbetriebswerk Wustermark, 1982.   *Foto: Koehler*

Bild 3.10 Besandungsanlage, Wasserkran und Untersuchungskanal auf engstem Raume. Die Sandaufbereitungsan-
lage befindet sich im Schuppenanbau. Bahnbetriebswerk
Stendal, 1984.   *Foto: List*

Bild 3.11 Lok 50 3541 auf dem Untersuchungskanal. Bahnbetriebswerk Stendal, 1982. *Foto: List*

Bild 3.12 Warm abgestellte Lokomotiven warten auf ihren nächsten Einsatz. V. l. n. .r.: 58 2083, 58 1143, 38 2267. Bahnbetriebswerk Gotha, 1971.
Foto: List

ausgearbeiteter Dienstplan kam mit möglichst wenig Lokomotiven aus, wobei stets das Optimum zwischen kurzen Übergangszeiten einerseits und angemessener Berücksichtigung möglicher Verspätungen andererseits zu finden war. Der „Dienstausteiler für das planmäßige Lokomotivpersonal", der zum Dienstplan monatlich im voraus aufzustellen war, enthielt die Namen aller zum Dienstplan gehörenden Lokomotivführer und Heizer. Aus ihm konnte jeder ablesen, wie der tägliche Dienst zu leisten war. Ein „Dienständerungszettel" informierte die Personale über Änderungen gegenüber dem planmäßigen Dienst, deren Ursachen z. B. Krankheit, Schadhaftwerden von Lokomotiven, vom Plan abweichende Sonderleistungen sein konnten. Beide Dokumente hingen an gut sichtbaren Stellen, und ihnen galten die ersten und letzten

Bild 3.13 Vorrichtung zum „Trommeln" von Heizrohren zwecks Kesselsteinentfernung (außer Betrieb). Bahnbetriebswerk Brandenburg, 1983.
Foto: Koehler

Bild 3.14
Abkochkessel für stark verschmutzte Tauschteile, wie z. B. Tragfedern. Bahnbetriebswerk Brandenburg, 1983.
Foto: Koehler

Bild 3.15
Säurebottiche zum Entfernen von Kesselsteinablagerungen an kleineren Bauteilen. Bahnbetriebswerk Salzwedel, 1983.
Foto: Koehler

Blicke der Lokomotivpersonale beim Aufenthalt im Vorraum der „Lokdienstleitung". Die Lokdienstleitung war auch verantwortlich für den Nachweis der tatsächlichen Lokomotivleistungen. Dazu diente eine Grafik, der „Lokeinsatzbogen". Jeder Lokomotivnummer wurde eine Zeile zugeordnet, in die durch waagerechte Striche zwischen den senkrechten Stundenlinien die Dienstdauer eingezeichnet wurde. Oberhalb des Striches standen die Zugnummer oder die Dienstart, un-

terhalb die geleisteten Kilometer und Stunden. Der „Lokomotivverwendungsnachweis" war eine Tabelle, aus der übersichtlich und schnell die jeweilige Verwendung des Lokomotivparkes hervorging. Alle geplanten Instandhaltungsarbeiten an den Lokomotiven, kurz „Fristarbeiten" genannt, wurden in einem besonderen „Nachweis der Fristarbeiten an den Dampflokomotiven" geführt. In eine entsprechend vorgedruckte Liste mußte nach ordnungsgemäßer Erledigung der

Bild 3.18
Tauschachsen. Bahnbetriebswerk
Wittenberge, 1981.
Foto: Koehler

Bild 3.19
Ersatztragfedern. Bahnbe-
triebswerk Wittenberge, 1981.
Foto: Koehler

Fristarbeiten der Tag der Ausführung eingetragen werden. In mittleren und großen Bahnbetriebswerken war außerdem ein „Vormerkbuch"
der Fristarbeiten an Dampflokomotiven" zu führen. Es enthielt alle für das Kalenderjahr durchzuführenden Fristarbeiten je Lokomotive, die dem
Betriebswerk zugeteilt waren. Täglich mußten
die Tagesspalten durchgesehen, die ausgeführten Fristarbeiten durchgekreuzt und die nächsten fälligen Termine eingetragen werden.

4. Die technischen Anlagen

4.1. Die Bekohlungsanlage

In allen Bekohlungsanlagen waren unabhängig von ihrer Gestaltung die nachfolgenden Arbeiten auszuführen:
— Zuführen und Entladen der Kohle
— Lagern
— Abgeben der Kohle an die Lokomotive.
Unter Berücksichtigung der täglichen Bekohlungsleistungen sind die Bekohlungsanlagen außerordentlich vielgestaltig ausgeführt worden.
Die Kohlezufuhr stand im Zusammenhang mit den Lagerplätzen der Kohle: Wurde die Kohle zu ebener Erde gelagert, erfolgte in der Regel die Zuführung in offenen Güterwagen und das Entladen mit Greiferkranen. In einfachen Fällen, z. B. bei untergeordneten Nebenbahnen, wurde die Entladung oft auch per Hand vorgenommen. In einigen Großanlagen dagegen gab es Spezialentladeeinrichtungen, wie höhergelegene Pfeilerbahnen, in denen sich Großraumgüterwagen ohne weiteren Aufwand nach dem Öffnen der Verriegelungen selbst entleeren konnten: Die Kohle rutschte in darunterliegende Vorratsbehälter. Diese Anlagen wurden wegen des nicht freizügigen Einsatzes der Spezialwagen nur in der Nähe der Kohlegruben angelegt.
Eine Vorratslagerung der Kohle war in jedem Falle notwendig, um den Ausgleich zwischen Zufuhr und Verbrauch vornehmen zu können. Die Kohle wurde deshalb in Kohlebansen untergebracht. Das waren Lagerstätten zu ebener Erde mit Seitenwänden aus hölzernen oder stählernen Eisenbahnschwellen oder Betonteilen. Es gab stets einen Haupt- und Reservebansen. Während der Hauptbansen für den täglichen Kohleumschlag benutzt wurde, nahm der Reservebansen die Kohle für eine längere Lagerung auf. Das Fassungsvermögen aller Bansen eines Bahnbetriebswerkes sollte eine 6- bis 10wöchige Be-

Bild 4.1 Einheitsdrehkran zum Bekohlen von Lokomotiven. Bahnbetriebswerk Stendal, 1983. *Foto: Koehler*

vorratung gewährleisten. Oftmals lagen Regelspurgleise innerhalb der Bansen, auf denen die Kohlewagen und selbstfahrende Greiferdrehkrane einfahren konnten.

Die Abgabe der Kohle an die Lokomotiven erfolgte auf vielfältigste Art und Weise und ließ Rückschlüsse auf die täglich umzuschlagende Kohlemenge zu. Die einfachste Anlage bestand aus einer Sturzbühne. Das waren meist hölzerne Bauten mit einer Plattform etwa in Höhe des Führerhausdaches, von der man die dort hinaufbeförderten Kohlekörbe in den Tender kippte. In gebirgigen Gegenden wurden die Geländegegebenheiten dahingehend ausgenutzt, daß sie das Lagern der Kohle in einem auf höherem Niveau gelegenen Bansen erlaubten. Dort hinauf führten die Kohlewagengleise auf einer Rampe. Wenn der Kohlebansen zu ebener Erde lag, mußten die Kohlekörbe mittels Handwinde oder Elektrozug auf die Sturzbühne gehoben werden. Es gab auch Bahnbetriebswerke mit aufgeschütteten Rampen für Sturzbühnen. Im Bahnbetriebswerk Wustermark fanden die Autoren als Notbekohlungsanlage für die letzten Jahre eine Variante, bei der aus dem künstlich hoch angelegten Bansen Feldbahngleise über Drehschei-

Bild 4.2
Frei fahrbare Kohlehunte.
Fassungsvermögen 0,7 t Steinkohle oder 0,5 t Braunkohlebrikett. Lomotivbahnhof
Rathenow, 1982.
Foto: Koehler

ben zu einer Sturzbühne führten. Eine ähnliche Anlage war bei der DB im Bw Lübeck bis 1966 in Betrieb. Auf diesen Gleisen wurden per Hand stählerne Trichterwagen mit etwa 0,5 t Fassungsvermögen und einseitiger Entleerungseinrichtung bis an das Ende der Sturzbühne oberhalb des Tenders gefahren. Dann mußte die Verriegelung gelöst werden, und die Kohle fiel in den Tender. Größere Anlagen mit einem Tagesumschlag bis etwa 100 t benötigten schon einen Säulendrehkran. Der genormte Einheitsdrehkran verfügte über 1,5 t Tragfähigkeit bei einer Ausladung von 4 m und einer Rol-

Bild 4.3 Bügelverriegelung am Kohlehunt. *Foto: Koehler*

Bild 4.4 Raupendrehkran RK 3 mit 0,7 t Fassungsvermögen bei feiner Steinkohle. Dahinter ein einfacher Kohleladekran. Lokomotivbahnhof Rathenow, 1982.   *Foto: Koehler*

lenhöhe von 8 m. Er hob die Kohlenhunte aus dem Bansen, die auf Feldbahngleisen in den Schwenkbereich geschoben wurden, nachdem sie von Betriebsarbeitern per Hand beladen worden waren. Eine einfache Verriegelung bewirkte, daß der im labilen Gleichgewicht befindliche Behälter während des Hebens nicht umkippte. Der Kran wurde in der Anfangszeit per Hand, später mit Elektromotor betrieben. Der Einheitsdrehkran verfügte über einen Hubmotor mit 22 m/min Hubgeschwindigkeit. Das Drehwerk betätigte ein 1,85-kW-Motor. Bei Stromausfall konnte der Einheitsdrehkran auch mittels Druckluftmotor oder per Hand bedient werden. Vielerorts versah man diesen Kran mit einem Schutzdach oder Führerhaus. In vielen Bahnbetriebswerken gab es zwei

derartige Krane, um als Reserve oder bei erhöhtem Verkehr zusätzlich genutzt zu werden. Durchschnittlich vier Lokomotiven konnten mit einem Drehkran in der Stunde bekohlt werden. Vergleichbar mit dieser Anlage war der Schrägaufzug, den man jedoch nur vereinzelt antraf. Hier wurde ein Kohlebehälter (Kübel) auf einem Gerüst von Winkeleisen aus dem Bansen schräg hochgezogen und in der oberen Endstellung so weit angekippt, daß sein Inhalt über eine geneigte Schurre in den Tender fiel. Die Schurre (meist ein muldenförmiges Stahlblech) wurde in der Ruhestellung nach oben gezogen, damit vorbeifahrende Lokomotiven sie nicht beschädigen konnten. Der Kübel faßte etwa 0,6 t Steinkohle. Die Hubhöhe betrug etwa 7 m, und der 10-kW-Elektromotor des Hubwerkes erlaubte eine Fördergeschwindigkeit von etwa 44 m/min. Auch diese Anlage konnte bei Stromausfall mit Druckluftmotor oder per Hand betrieben werden. Die tägliche Förderleistung betrug 100 t.

In großen Bahnbetriebswerken wurden jedoch pro Tag weitaus größere Kohlemengen umgeschlagen. Das war mit fahrbaren regelspurigen Greiferdrehkranen möglich, die mit Dampfmaschine oder später Elektromotor angetrieben wurden. Die Regelbauarten verfügten über 9 bzw. 12 m Ausladung. Sie dienten auch zum Verladen von Schlacke und Rauchkammerlösche. Die Umschlagleistung eines Greiferkranes betrug täglich durchschnittlich 200 t Steinkohle. Das entsprach etwa der Kohlemenge für 80 Lokomotiven. In großen Anlagen wurden breitspurige Greiferdrehkrane verwendet. Deren Körbe verfügten über ein Fassungsvermögen von 3 t! Ihre Ausladung erreichte 15 m; sie ermöglichten es, auch zwei nebeneinander liegende Bekohlungsgleise oder Kohlebansen bis 13,5 m Breite zu bedienen. Ihre Fahrgeschwindigkeit betrug 24 m/min, die Hubgeschwindigkeit 30 m/min. Der Fahrmotor und der Drehmotor leisteten 7,5 kW, der Hubmotor 30 kW. Ein derartiger Greiferkran erlaubte einen täglichen Umschlag bis zu 250 t Kohle, d. h. es konnten etwa 100 Lokomotiven versorgt werden.

In den ganz großen Bahnbetriebswerken genügte selbst das noch nicht. Hier gab es die imposan-

Bild 4.5
Der Eisenbahndrehkran EDK 6 war nur in großen Bahnbetriebswerken rentabel einzusetzen. Bahnbetriebswerk Wittenberge, 1981.
Foto: Koehler

ten Kombinationen von Greiferkran als Brückendrehkran und Bunkeranlage. Bis zu 30 t Kohle pro Stunde konnten damit umgeschlagen werden. Das bedeutete eine Bekohlungsleistung von etwa 12 Lokomotiven pro Stunde oder 300 Lokomotiven am Tag. Die Brückendrehkrane füllten fest in der Brücke eingebaute Bunker, die ihrerseits mit einer Wägevorrichtung versehen waren und über ein durchschnittliches Fassungsvermögen von 100 t verfügten. Jeder Bunker konnte mit einer Füllung bis zu 40 Lokomotiven bedienen. Die Kohle wurde aus den Bunkern über wasserberieselte Auslaufschurren den Tendern abgewogen zugeführt. Die gesamte Anlage (Brückenkran und Bunker) war neben dem Bansen verfahrbar. In der Brücke befanden sich oftmals zwei nebeneinander untergebrachte Bunker, um die Lokomotiven auf zwei Bekohlungsgleisen bedie

Bild 4.6
Kohlebunker mit Waage.
Im Hintergrund eine
Sturzbühne. Bahnbetriebswerk Wustermark,
1982.
Foto: Koehler

Bild 4.7
Kohlebansen des Bahn-
betriebswerkes Wuster-
mark. Der Hochbunker
rechts steht über dem
Bekohlungsgleis.
Foto: Koehler

Bild 4.8
Bekohlen von der
Sturzbühne. Bahn-
betriebswerk Wuster-
mark, 1982.
Foto: Koehler

Bild 4.9
Gleisgebundene Kohlehunte
mit Stirnklappenverriegelung
zum Einsatz auf der Sturzbühne.
Fassungsvermögen 0,5 t Stein-
kohle. Bahnbetriebswerk
Wustermark, 1982.
Foto: Koehler

Bild 4.10
Drehscheibe für Kohlehunte.
Bahnbetriebswerk Wustermark,
1982.
Foto: Koehler

Bild 4.11
Ein C 2 i, bekanntge-
worden als „Donner-
büchse", dient in
seinen letzten Tagen
als Aufenthaltsraum
am Kohlebansen.
Bahnbetriebswerk
Wustermark, 1983.
Foto: Koehler

Bild 4.12
Waldbrandwarnstufen-
angabe am Kohle-
bansen des Bahn-
betriebswerkes Stendal.
Foto: Koehler

nen zu können. Verfügte nun jeder Bunker noch über zwei Auslaufschurren, konnten sogar vier Maschinen in kürzester Zeit bekohlt werden.
Es gab auch Bunker, die auf festen Podesten standen und von fahrbaren Greiferdrehkränen gefüllt wurden.
Eine Sonderform ist die Bekohlungsanlage für Kohlenstaublokomotiven. In den fünfziger und sechziger Jahren sind zahlreiche Lokomotiven der Baureihen 44, 52 und 58 mit Braunkohlestaub-feuerung im Einsatz gewesen. Sie erhielten ihren Brennstoff „Kohlenstaub" aus örtlichen Mahlan-lagen, aus Kohlestaubhochbehältern (Bunkern) oder aus Behälterwagen. Die Tender der Koh-lestaublokomotiven hatten je nach Bauart bis zu drei Staubbehälter mit einem Fassungsvermö-gen von 16 m^3 (Baureihe 58) bzw. 22 oder 23 m^3 (Baureihen 44 und 52). Der Staub wurde mittels Druckluft in den Tender befördert. Ein einfaches Stahlprofilgerüst trug die Überfüllrohrleitung vom Bunker und den Druckluftanschluß. Die Über-füllrohrleitung endete in einem Gummischlauch, mit dem der Entnahmestutzen des Bunkers und der Füllstutzen des Kohlestaubtenders gekup-pelt wurden. Die Druckluft entnahm man aus dem Bw-Netz. Wurde Staub aus dem Behälter-wagen entnommen, mußte die Druckluft von der Lokomotive dem Bunker des Staubwagens zuge-führt werden. Durchschnittlich benötigte man für

das Füllen aller Bunker des Tenders insgesamt 30 Minuten.
In der Nähe der Bekohlungsanlage waren Lagerräume angeordnet, in denen das Lokomotivpersonal Putzwolle und Öl erhielt.

4.2. Die Ausschlackanlage

Als die Dampflokomotiven noch keinen Kipprost hatten und die Schlacke mittels langstieliger Schaufeln durch das Feuerloch auf dem Führerstand entfernt werden mußte (heute noch bei einigen Schmalspurlokomotiven üblich!), lag die Ausschlackanlage vor der Bekohlungsanlage. Das war nötig, weil ein voller Tender die Arbeiten mit dem unhandlichen Werkzeug stark behinderte. Nach Einführung der Kipproste änderte sich die Technologie dahingehend, daß das Ausschlacken nach dem Bekohlen erfolgte. Das hatte den Vorteil, daß das Feuer weiter herunterbrennen konnte, die Temperaturen in der Feuerbüchse, im Kessel und in der Rauchkammer also langsam, aber beständig abnahmen. Dieser Umstand war besonders für Lokomotiven mit stählernen Feuerbüchsen wichtig, gelangten doch durch das Öffnen der Feuertür und der Aschkastenklappen große Mengen kalter Luft in die Feuerbüchse. Das bewirkte ein rasches Abkühlen und damit schädliche Spannungen in den Feuer-

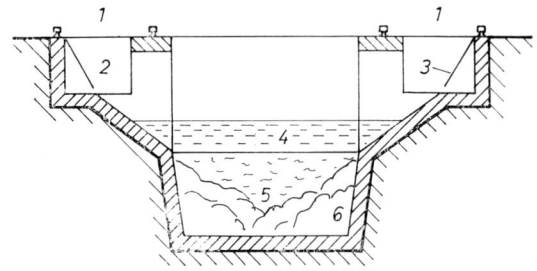

Bild 4.13 Schema einer Ausschlackanlage
1 Ausschlackgleise, 2 Ausschlackkanal, 3 Leitblech, 4 Wasser, 5 Schlackesumpf, 6 Schlacke.
Sammlung List

büchs- und Rohrwänden. Um diese Abkühlungen in Grenzen zu halten, mußten Feuerbüchse und Aschkasten getrennt von der Rauchkammer, nicht aber mit ihr zugleich gereinigt werden. Die Reihenfolge unterschied sich örtlich. Wichtig war nur, daß man beim Reinigen der Rauchkammer die Feuertür und die Aschkastenklappen geschlossen hielt. Das Ausschlacken nach dem Bekohlen hatte den weiteren Vorteil, daß zum Herrichten des neuen Grundfeuers frische und „stückreiche" Kohle (möglichst faustgroße Steinkohlestücke) zur Verfügung stand; der Aufbau

Bild 4.14
Die noch glühende Schlacke fällt in den Schlackesumpf. Bahnbetriebswerk Salzwedel, 1983.
Foto: Koehler

Bild 4.15
Von rechts nach links:
Schlackewagengleis,
Zufahrtgleis mit Kanal,
Umfahrgleis. Bahn-
betriebswerk Wuster-
mark, 1983.
Foto: List

des neuen Feuers wurde dadurch erleichtert, die Betriebsbereitschaft der Lokomotive konnte in kürzester Frist wiederhergestellt werden.

In den Ausschlackanlagen wurden Rost, Aschkasten und Rauchkammer von den Verbrennungsrückständen befreit. Bei Steinkohlefeuerung rechnete man durchschnittlich mit 10 Prozent, bei Braunkohlefeuerung sogar mit 20 Prozent Rückständen, bezogen auf die geladene Kohlemenge. Zuerst wurden Rost und Aschkasten gesäubert. Asche und Schlacke fielen durch den abgesenkten Kipprost und die geöffneten Aschkastenklappen meist in eine Grube im Gleis (Schlackekanal). Hier erfolgte das Löschen der noch glühenden Rückstände mit Wasser. Nach dem Schließen des Rostes und der Bodenklappen des Aschkasten mußte das Feuer neu aufbereitet werden,

indem man die in dem vorderen Rostbereich befindliche Glut auf die gesamte Rostfläche verteilte und frischen Brennstoff aufwarf. Erst dann wurde, um ein zu starkes Abkühlen der Rohrwände zu vermeiden, die Rauchkammertür geöffnet. Mit einer langstieligen Schaufel entfernte der Ausschlacker die Rauchkammerlösche. So nannte man die unverbrannten Rückstände des Brennstoffes, die glühend vom Strom der Rauchgase von der Feuerbüchse bis zur Rauchkammer durch die Rohre des Langkessels hindurchgetragen wurden und am Funkensieb abprallten. Sie fielen auf den Boden der Rauchkammer und wurden von der Rauchkammernäßeinrichtung gelöscht, um ein Durchglühen der Rauchkammerbleche zu vermeiden. Auch die Lösche wurde in den Schlackekanal geworfen.

Bild 4.16
Mit Hilfe des Bockkranes werden die Schlackekübel vom Ausschlackkanal zum Schlackewagen gehoben und entleert. Bahnbetriebswerk Wustermark, 1982.
Foto: List

Bild 4.17
Schrägaufzug mit Schlackewagen, hier nur noch zur Müllbeseitigung eingesetzt. Bahnbetriebswerk Wustermark, 1983.
Foto: Koehler

Bild 4.18
Schlackestetigförderer
hinter dem Schlacke-
sumpf. Bahnbetriebswerk
Salzwedel, 1983.
Foto: Koehler

Schlacke und Lösche wurden aus dem Ausschlackkanal von Hand herausgeschaufelt und in den
Schlackewagen verladen. Vereinzelt sind Schlacke
und Lösche auch erst in Karren oder Schlacken-
hunten verladen und diese dann in die Schlackewagen entleert worden. Größere Bahnbetriebswerke verfügten über teilmechanisierte Anlagen
im Bereich der Ausschlackstellen. Es gab Anlagen, bei denen sich in dem Ausschlackkanal ein
Kübel befand, in den hinein die Schlacke und
Asche aus dem Aschkasten der Lok fiel. Er faßte

meist 0,5 m³. Ein über dem Kanal aufgestellter
kleiner Bockkran oder ein Drehkran der Bekohlungsanlage hob den gefüllten Kübel aus dem
Kanal, und er wurde in den bereitstehenden
Schlackewagen gekippt. Während des Kippens
erfolgte das Ablöschen mittels Wasserstrahl. Der
Schlackewagen stand seitwärts der Schlackegrube
auf dem speziellen Schlackewagengleis.
Derartige Anlagen waren so ausgelegt, daß mit
drei Arbeitern pro Schicht etwa 80 Lokomotiven
innerhalb von 24 Stunden bedient werden konn-

Bild 4.19
Schwer und schmutzig war
die manuelle Entfernung der
Schlacke an der Ausschlack-
stelle. Lokomotivbahnhof
Rathenow, 1983.
Foto: Koehler

ten. Das Ausschlacken dauerte bis zu einer hal-
ben Stunde. Wenn zugleich mehrere Lokomotiven
eintrafen, traten große Verzögerungen im Durch-
lauf ein. Deshalb wurden in größeren Betriebswerken leistungsfähigere Anlagen errichtet. Sie
wiesen in der Hauptsache anstelle des einfachen
Ausschlackkanals eine lange, wassergefüllte
Grube („Schlackensumpf") auf. Der Sumpf wurde
oftmals sogar zwischen zwei benachbarte Gleise
gelegt, um die Verbrennungsrückstände von zwei
Ausschlackgleisen aufnehmen zu können, die im

Wasser sofort gründlich gelöscht wurden. Ein in
der Nähe stationierter Greiferkran hob den Gru-
beninhalt zu passenden Zeiten in den Schlackewagen. Es waren aber auch Schrägaufzüge gebräuchlich, die einen Sumpfbehälter nach oben
zogen und in den Schlackewagen kippten. Noch
besser ausgerüstete Bahnbetriebswerke verfügten anstelle des Schrägaufzuges über Stetigför-
derer, deren endlose Förderkette den Sumpfin-
halt über eine schräge Führungsrinne in den
Schlackewagen schob. Aus Gründen der Unfall-

Bild 4.20
Ablöschen der Schlacke,
um ein Brennen der
Ölgefäße und Ölrück-
stände an den Achsen
zu vermeiden. Bahn-
betriebswerk Wuster-
mark, 1983.
Foto: Koehler

Bild 4.21
Ausschlackkanal mit
Schlackewanne, Schür-
gerätestander und
Wasserkran. Bahn-
betriebswerk Branden-
burg, 1983.
Foto: Koehler

Bild 4.22
Reinigen der Rauch-
kammer. Bahnbetriebs-
werk Wustermark, 1983.
Foto: Koehler

verhütung mußte der Sumpf grundsätzlich mit starken Rosten abgedeckt sein.

Die zur Ausschlackanlage zählende Gleisanlage umfaßte die Ausschlack- bzw. Putzgleise, die Schlackewagen- bzw. Abfuhrgleise und evtl. auch Krangleise. Charakteristisch für jede Ausschlack-anlage war der Ständer mit dem vielgestaltigen Werkzeug der Ausschlacker („Schürgeräte-Stän-der"), in dem Kratzen, verschiedene Haken, Ein-zähne und Stangen bereitstanden. Wie in den Bekohlungsanlagen war die Umgebung der Ausschlackanlage stets staub- und aschege-schwängert, und ein beißender Qualm umgab den Ausschlacker und das Lokomotivpersonal während der Arbeiten. Das Ausschlacken war eine der härtesten und auch schmutzigsten Ar-beiten im gesamten Bahnbetriebswerk. Bekohlen und Ausschlacken fanden bei jedem Wetter aus-nahmslos unter freiem Himmel statt. Es ist daher bemerkenswert, daß 1957 im Bahnbetriebswerk Oebisfelde ein Ausschlacker geehrt wurde, der seit 1917 diesen Dienst versehen hatte, ohne je eine Arbeitsschicht wegen Krankheit versäumt zu haben!

Bild 4.23 Abspritzen des Rauchkammertritts. Bahnbetriebswerk Haldensleben, 1981. *Foto: Koehler*

4.3. Die Wasserversorgungsanlage

In der Praxis des Dampflokomotivbetriebes hatte sich der Erfahrungswert herausgebildet, daß im Durchschnitt auf 100 km etwa 10 m³ Wasser verbraucht wurden. Um allen Wechselfällen gerecht werden zu können, legte man die Wasserstationen jedoch im Abstand von etwa 15 km an. Das Betriebswasser wurde meist in bahneigenen Wasserwerken gefördert, während man das Trinkwasser dem Stadtwassernetz entnahm. Es gab aber auch Bahnwasserwerke, die beides lieferten. Sie verfügten üblicherweise über einen Notanschluß zum Stadtwassernetz.

Als Bahnwasserwerke bezeichnete man alle die Wasserversorgungsanlagen, die — auf Bahngebiet liegend — der Eisenbahn gehörten. Zu den Hauptbestandteilen zählten:
— die Anlagen für die Wassergewinnung,
— die Pumpwerke mit Saug- und Druckleitungen,
— die Wasserbehälter,
— die Wasserleitungen,
— die Wasserkräne und sonstigen Zapfstellen.

Das Wasser wurde aus Oberflächengewässern (Flüssen, Seen, Teichen) sowie Quellen oder Brunnen entnommen. Die Brunnen unterschied man nach Schacht- und Rohrbrunnen. Bei mehr als 8 m Tiefe handelte es sich um Tiefbrunnen, die wegen der geringeren Herstellungskosten vorzugsweise als Rohrbrunnen ausgeführt wurden. Schachtbrunnen stellte man bis in die wasserführende Erdschicht, zumindest aber bis zu einer Tiefe von 3 m von der Erdoberfläche ab wasserdicht her (hartgebrannte Ziegelsteine, Stampfbeton mit beidseitigem Zementverputz, überglaste Tonrohre, Zement- oder asphaltierte Stahlringe).

Rohrbrunnen bestanden aus stählernen Rohren, die durch Rammen oder Bohren in die wasserführende Schicht eingebracht wurden.

Die im Wasser enthaltenen ungelösten Beimen-

Bild 4.24 Schema einer Wasserversorgungsanlage ohne Wasseraufbereitung
1 Absperrschieber, 2 Windkessel, 3 Überlauf, 4 Auslauf, 5 Einspeisung oben, 6 Einspeisung unten, 7 Pumpen, 8 Sammelbehälter, 9 Gitterroste.   *Sammlung List*

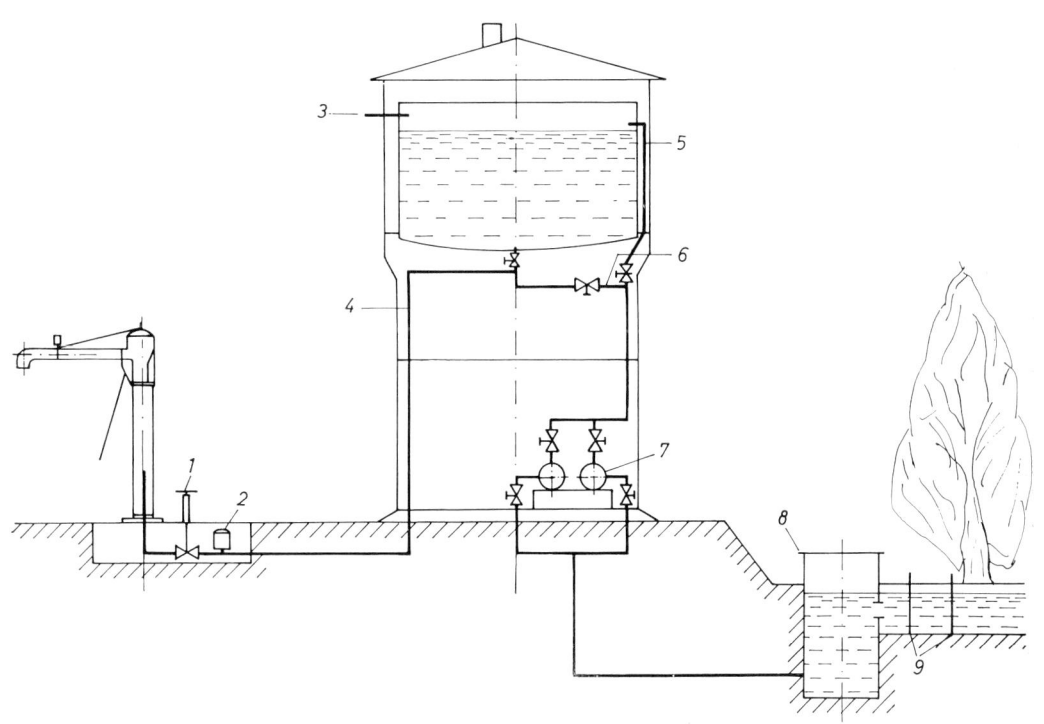

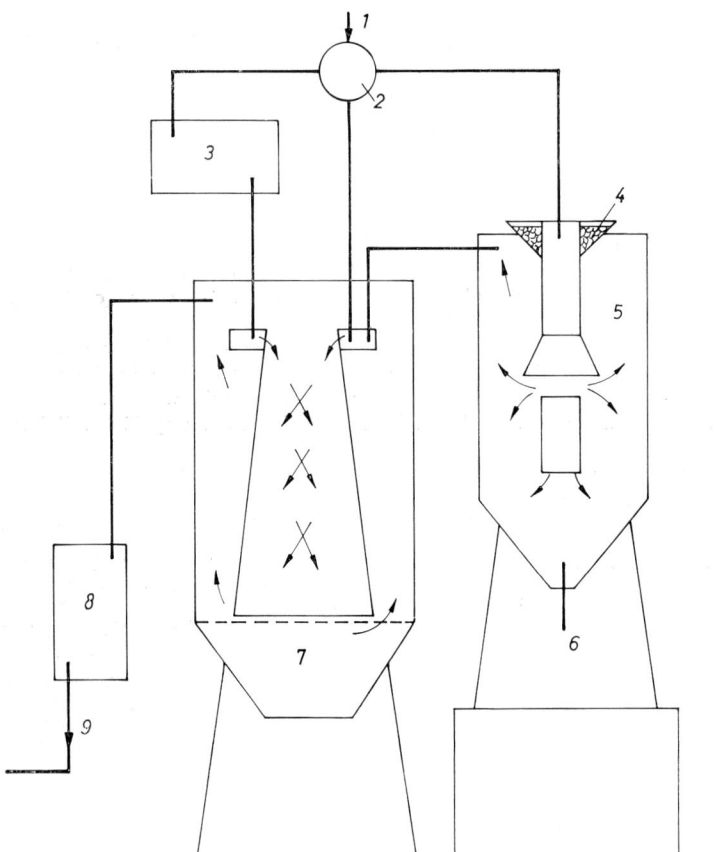

Bild 4.25
Schema einer Wasseraufbe-
reitungsanlage nach dem Kalk-
Soda-Verfahren
1 hartes Wasser
2 Verteiler
3 Soda
4 Kalk
5 Kalksättiger
6 Abschlammleitung
7 Umsetzer
8 Filter
9 enthärtetes Wasser
Sammlung List

gungen fielen in Klär- und Filteranlagen aus. Bei den Kläranlagen handelte es sich meist um eine Anzahl aufeinanderfolgender Becken, in die das Rohwasser hineingepumpt wurde und in dem sich die Schwebstoffe absetzten. Das Wasser konnte von einem zum anderen Becken überlaufen. Der gleichzeitige Zusatz von Flockungsmitteln (Eisen-III-Chlorid und Aluminiumsulfat) erlaubte das Ausfällen organischer Verunreinigungen. Danach führte man das Wasser durch Grob- und Feinfilter. Hier erfolgte in Abhängigkeit von der Schichthöhe und Korngröße des Filterkieses die weitere Reinigung des Wassers. Verbrauchte Filter konnten durch Rückspülung mit Wasser und Luft stets erneuert werden. Die Förderung des Wassers aus dem Brunnen zu den Klär- und Filteranlagen erfolgte mit Kolben- oder Kreiselpumpen. Bei den Tiefbrunnen verwendete man auch Druckluftpumpen („Mammutpumpen"). Zum Abfangen von Wasserschlägen in den Saug- und Druckleitungen und zur Herstellung eines gleichmäßigen Wasserflusses dienten Windkessel. Das waren stählerne Behälter, die einseitig einen Rohrstutzen trugen und mit diesem an die Wasserleitung angeflanscht wurden. Das in den Windkessel hineingedrückte Wasser komprimierte die über ihm befindliche Luft, die im Wechsel mit den Pumpenhüben diese Druckschwankungen ausglich.

Das geförderte Wasser gelangte anschließend in Hochbehälter, die im Flachland als weithin sichtbare Wassertürme ausgebildet waren. Je nach Standort und Bahnverwaltung der Länderbahnzeit zeigten sie vielfältige Erscheinungsformen und prägten das Gesicht des Bahnhofs bzw. Bahnbetriebswerkes. Im hügeligen und bergigen Land nutzte man die Geländestruktur und legte Hochbehälter an Berghängen oder auf Hochplateaus als Kammern unter der Erdoberfläche an.

Die Größe aller Behälter wurde so bemessen, daß sie bei Ausfall der Pumpen etwa einen Tagesbedarf decken konnten. Sie bestanden aus Stahlblech oder Beton und waren beheizbar. An jedem Wasserturm mußte außen ein Wasserstandsanzeiger angebracht sein. Er funktionierte nach dem Schwimmerprinzip. Zum Pumpwerk bestand eine elektrische Fernmeldeeinrichtung, die

Bild 4.26
Sammelbehälter für Oberflächenwasser mit Einlaufkanal. Lokomotivbahnhof Rathenow, 1980.
Foto: Koehler

Bild 4.27
Eine Kreiselpumpe als Hauptpumpe im Wasserturm des Lokomotivbahnhofes Rathenow, 1983.
Foto: Koehler

Bild 4.28
Die Ersatzpumpe. Rechts die Saugleitung vom Tiefbrunnen, senkrecht nach oben die Druckleitung zum Wasserhochbehälter. Lokomotivbahnhof Rathenow, 1983.
Foto: Koehler

Bild 4.29
Im Wasserturm. Die hintere Rohrleitung dient zum Füllen des Wasserbehälters von oben, die vordere zum Füllen von unten. Der Wasserbehälter ist eine Nietkonstruktion. Lokomotivbahnhof Rathenow, 1983.
Foto: Koehler

als Regelkreis das Ein- und Ausschalten der Pumpen in Abhängigkeit vom Wasserstand im Hochbehälter erlaubte. Nach der Anzahl der Wasserkräne, der Rohrlänge der Leitungen zu den Wasserkränen, den geforderten Ausflußmengen pro Minute und dem Standort des Wasserturmes wurde die Höhenlage des Wasserbehälters berechnet. Um in allen denkbaren Fällen einen ausreichenden Wasserdruck zu garantieren, war die Unterkante des Wasserbehälters in der Regel mindestens 20 m über der Schienenoberkante gelegen. 20 m Wassersäule entsprachen einem Anfangsdruck von 0,2 MPa. Die Rohrleitungsverluste bei ausgedehnten Anlagen bis zum entferntesten Wasserkran konnten damit in durchaus vertretbaren Grenzen gehalten werden.

Das Wasser lief den Verbraucherstellen infolge seines Eigengewichtes aus dem Hochbehälter zu. Wasserturm und Wasserkräne waren mittels gußeiserner, innen und außen geteerter Muffenrohre verbunden. Um in jedem Falle das Einfrieren zu verhüten, verlegte man die Rohre mindestens 1,5 m tief. Wegen der Korrosionsgefahr vermied man das Einbetten der Rohre in Schlacke oder Asche. Der Rohrdurchmesser betrug bei kleineren Anlagen 200 mm, bei größeren 300 bis 400 mm. Die Strömungsgeschwindigkeit sollte 2,5 m/s nicht überschreiten.

Bei großflächigen Bahnhofsanlagen kam es vor,

Bild 4.30 Hauptabsperrschieber am Auslauf des Wasserhochbehälters. Nach rechts abzweigendes Rohr: Falleitung zu den Wasserkränen. Lokomotivbahnhof Rathenow, 1983. *Foto: Koehler*

Zur früheren Länderbahnzeit, bei den Kleinbahnen und heute noch bei den Schmalspurbahnen genügte 1 m³ in der Minute. Die an den Hauptgleisen stehenden Wasserkräne für Züge ohne Lokomotivwechsel mußten mindestens 5 m³ je Minute abgeben. Sollten gar Schnellzuglokomotiven mit kurzem Aufenthalt gespeist werden, waren Ausflußmengen bis zu 10 m³ in der Minute keine Seltenheit. Es gab Bahnhöfe, auf denen links und rechts vom Gleis je ein Wasserkran stand, um diesen Forderungen gerecht zu werden. Die Gelenkwasserkräne hatten gegenüber

Bild 4.31 Frostschutzumhüllungen aus Stroh und Isoliermatten. Lokomotivbahnhof Rathenow, 1983. *Foto: Kochler*

daß mehrere Wassertürme vorhanden waren, denen man jeweils eine bestimmte Anzahl von Wasserkränen zuordnete. Die Wasserkräne dienten zum Speisen der Lokomotiven. Sie waren in den Bahnbetriebswerken an den Einfahrgleisen, an der Ausschlackanlage, in der Nähe des Schuppens und an den Ausfahrgleisen aufgestellt. Im Bahnhofsbereich fand man sie an den durchgehenden Hauptgleisen für Reise- und Güterzüge. Dort standen sie so, daß die am Zuge haltenden Lokomotiven Wasser nehmen konnten. Im Gelände der Verschiebe- und Rangierbahnhöfe waren die Wasserkräne im Arbeitsbereich der dort eingesetzten Lokomotiven angeordnet. Wo es auf schnellste Abfertigung ankam, wurden vorzugsweise Wasserkräne mit einem Gelenk-Ausleger aufgestellt, die außerdem über besonders große Rohrquerschnitte verfügten. Normalerweise mußten auf Hauptbahnen alle Wasserkräne mindestens 2 m³ pro Minute liefern.

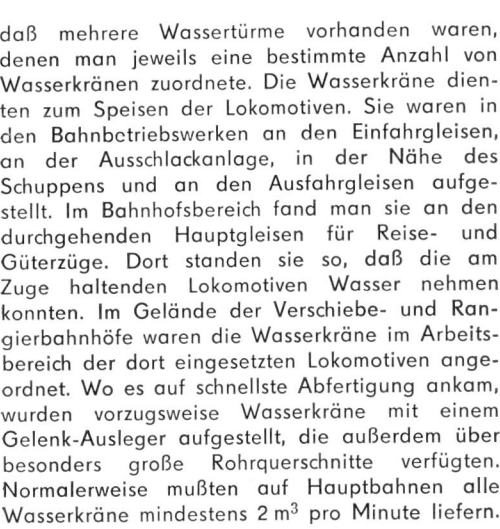

Bild 4.32 Der Wasserturm des Bahnbetriebwerkes Salzwedel, 1983. *Foto: Koehler*

Bild 4.33 Ein Riese unter den Wassertürmen, typisch für
das Flachland. Bahnbetriebswerk Wustermark, 1982.
Foto: Koehler

Bild 4.34 Ein kleiner Hochbehälter für Lokomotivspeise-
wasser. Bahnhof Binz Ost, 1982. *Foto: Koehler*

den einfachen den Vorteil, daß sie nicht nur einen Kreisbogen, sondern eine größere Fläche in der Gleisachse mit ihrer Ausflußöffnung bestrichen und innerhalb ihres maximalen Schwenkbereiches jeden beliebigen Punkt erreichten. Damit waren sie auch in großen Bahnbetriebswerken immer dort zu finden, wo eine große Anzahl von Lokomotiven der verschiedenen Baureihen schnell hintereinander abgefertigt werden mußte. Solche Standorte befanden sich im Bereich der Ausschlackanlagen und der Untersuchungsgruben. Sinnreiche Hebel-, Ketten- und Getriebekonstruktionen erlaubten das gleichzeitige wie auch das getrennte Schwenken des Hauptauslegers und des Gelenkauslegers. In der Grundstellung lagen die Ausleger der Wasserkräne fest verriegelt und normalerweise entgegen der Fahrtrichtung. Die Ausflußöffnung der Ausleger mußte früher mindestens 2,85 m, bei neueren Wasserkränen jedoch mindestens 3,10 m über Schienenoberkante liegen. Viele Wasserkräne verfügten über einen Trichter zur Strahlregulierung. Jeder Wasserkran hatte einen Ab-

Bild 4.37 Wasserkran in Dampf-Elevator-Ausführung. Links am Pfahl Abdampfrohr, rechts Dampfanschluß, am Boden Dampfverbindungsrohre zur Lokomotive. Bahnhof Binz Ost, 1982. *Foto: Koehler*

sperrschieber. Damit bei Frostgefahr das Wasser abgelassen werden konnte, war im Winter der Absperrschieber mit einem Ablaßhahn gekoppelt. Vielfältig gestaltete sich der Frostschutz bei strengem Winterbetrieb: Es gab die einfachen Koks- oder Kohlekörbe, die neben dem Standrohr unter dem Ausleger aufgestellt waren und durch die abgestrahlte Wärme die Umgebung des Kranes frostfrei hielten. Andererseits fand man auch — besonders zum Schutz der anfälligen

Bild 4.38 Rohrstopfen aus Holz zum Dichten großer Wasserrohre bei Reparaturarbeiten. Lokomotivbahnhof Rathenow, 1983. *Foto: Koehler*

Bild 4.39
Dampfanschlußstutzen (im Kreis) für den Elevator an der Lokomotive.
Foto: Koehler

Gelenkverbindung im Ausleger — richtiggehende Heizöfen mit langen Schornsteinen, die die Wärme gezielt an die gefährdeten Stellen leiteten.

Eine Anzahl von Wasserkränen war mit Träufelsäulen ausgerüstet, in deren Auffangtrichter das herunterlaufende Restwasser eingeleitet wurde, wenn man nach dem Abstellen den Ausleger in die Grundstellung gebracht und festgelegt hatte. Eng verbunden mit den Wasserversorgungsanla-

gen war die Tätigkeit des Laboratoriums im Bahnbetriebswerk. Es überwachte regelmäßig die innere Kesselspeisewasseraufbereitung durch die Analyse des Kesselwassers. Diese Untersuchung umfaßte die Bestimmung des Salzgehaltes, des pH-Wertes und die Tenderwasseranalyse. Die Ergebnisse wurden dem Lokomotivpersonal bekanntgegeben, die sie beim Dosieren sofort zu beachten hatten.

Die Laboranten beschafften sich von jeder zum

Bild 4.40 Wasserkran an der Wand des Wasserturmes. Bahnhof Osterburg, 1982.   *Foto: Koehler*

Bild 4.41 Wasserkran in Normalausführung. Bahnbetriebswerk Wustermark, 1982.   *Foto: Koehler*

Bahnbetriebswerk gehörenden Lokomotive in regelmäßigen Abständen Wasserproben. Sie wurden in der Regel aus dem Ablaßrohr der Wasserstandsprüfeinrichtung entnommen. Unter Beachtung des Kesseldruckes ergab sich ein Faktor, mit dem alle gewonnenen Werte der Analyse zu multiplizieren waren. Das entnommene Kesselwasser wurde sofort filtriert und untersucht. Zuerst bestimmte man mit einer Meßspindel (Baumé-Spindel) den Salzgehalt. 1° Bé (Grad Baumé) entsprach 7 g Soda und 6,6 g Ätznatron je 1 l Wasser. Später war statt dessen die Angabe in g/l üblich. Da die Spindel bei 20 °C geeicht war, mußte das Wasser diese Temperatur aufweisen. Anschließend bestimmte der Laborant den pH-Wert, der zwischen 10 und 40 liegen sollte und der Aussagen über die Alkalität zuließ. Zu diesem Zwecke mußten 100 ml Kesselwasser mit 0,1 ml Phenolphtaleinlösung als Indikator versetzt und dann tropfenweise mit $^{1}/_{10}$ normaler Salzsäure titriert werden, bis die Entfärbung eintrat. Die verbrauchte Menge Salzsäure in ml entsprach dem pH-Wert. Wurden trotz Überwachung des Kesselwassers die Mindest-pH-Werte nicht erreicht, dann mußte für die auffällig gewordene Lokomotive das Tenderwasser untersucht werden, um Rückschlüsse auf das richtige Dosieren ziehen zu können. Dazu bestimmte man die M- und H-Werte. Während sich der M-Wert aus einem weiteren Titrierverfahren ableitete, ließ der H-Wert Rückschlüsse auf die Härte des gespeisten Wassers zu. Das Labor machte Aufschreibungen über die Analysenwerte (Richtwerte) je Lokomotive und führte im oder am Lokomotivschuppen eine weithin sichtbare Tafel, an der sich die Personale informieren konnten. Termine für das Auswaschen des Kessels empfahl das Labor jedoch nicht. Das war schon wegen der örtlich unterschiedlichen Kesselspeisewasserverhältnisse nicht möglich, nach denen dosiert werden mußte. Für die Lokomotivpersonale galt jedoch die Faustregel, alle 20 bis 30 Tage auszuwaschen. In dieser 3- bis 4wöchentlichen Zeitspanne sollten die Ausfalltage wegen Sonderarbeiten, Reparaturen u. ä.

durch sorgfältige Pflege und Wartung so niedrig wie möglich gehalten werden. Das bedeutete auch, daß mittels Dosieren und Abschlammen die Alkalität des Kesselwassers gleichmäßig und der Salzgehalt durch sorgfältiges Abschlammen so geregelt werden mußten, daß der maximal zulässige Salzgehalt erst am Auswaschtage bei geringstmöglichem Schlammgehalt des Kessels erreicht wurde.

Bild 4.42
So nahm die Tenderlokomotive
Wasser. Bahnbetriebswerk
Eilsleben, 1982.
Foto: Koehler

Bild 4.43
Vor dem Tenderaufbau
der Chemikalienbehälter
zur Speisewasserauf-
bereitung. Bahnhof
Rathenow, 1981.
Foto: Koehler

Bild 4.44 Gelenkwasserkran mit Kettentrieb für die
Schwenkbewegungen der Auslegerteile sowie Ofenheizung
für das Auslegergelenk. Bahnhof Wittenberge, 1982.
Foto: Koehler

Bild 4.45 Kokskorb zum Warmhalten von Anlageteilen unterschiedlichsten Art bei Frost.   Foto: Koehler

Bild 4.46 Wassernehmen aus der Selke: Kreiselpumpe hochwassersicher am Flußbett, Schalter für die Elektro-Kreiselpumpe am Empfangsgebäude, Wasserleitung frostsicher in der Erde bis zum Mast verlegt, an dem sich der Anschlußstutzen für den C-Schlauch befindet. Bahnhof Alexisbad, 1981.
Foto: Koehler

Bild 4.47
Leistungsangabe eines Wasserkranes. Bahnhof Lutherstadt Wittenberg, 1983.
Foto: List

Bild 4.48
Härte- und Untersuchungsangaben an einem Wasserkran. Bahnbetriebswerk Brandenburg, 1983.
Foto: Koehler

4.4. Die Besandungsanlage

Unabhängig von der baulichen Ausführung bestand die Besandungsanlage aus
— dem vor Nässe geschützten Vorratslager des noch nicht aufbereiteten Sandes,
— dem Trockenofen mit dem darunter befindlichen Fördergefäß,
— der Druckluftförderanlage und
— dem Trockensand-Hochbunker mit dem Sandauslauf.

Der frische, meist noch feuchte Sand wurde auf den Trockenofen gebracht. Nach dem Erhitzen rieselte er selbsttätig in das Fördergefäß. Es faßte etwa 0,5 m³ Sand. Eine Luftförderanlage diente dazu, den Trockensand vom Fördergefäß in den Hochbunker zu überführen. Dazu mußte Preßluft von 0,25 bis 0,3 MPa aus der Ringleitung des Bahnbetriebswerkes auf das Fördergefäß gegeben werden. Das war nur bei geschlossenem Einlaufschieber möglich. In etwa zwei Minuten war dann das Fördergefäß geleert und der Sand in den Hochbunker gebracht. Das Lokomotivpersonal fuhr mit der Maschine so unter das portalähnliche Gerüst der Besandungsanlage, daß es das Teleskopauslaufrohr in den geöffneten Sandkasten einhängen konnte. Durch Ziehen am Sandauslaufschieber entnahm es den benötigten Sand, der durch Schwerkraft herausrieselte. Nach dem Loslassen des Zughakens schloß der Sandauslaufschieber selbsttätig. Das Teleskoprohr mußte zum Profilfreimachen wieder an das Gerüst zurückgeschwenkt werden.

Das Sandnehmen war während des Ausschlackens oder danach möglich. Die Zeitdauer überstieg kaum 10 Minuten. Hatte ein Bahnbetriebswerk keine Besandungsanlage oder war sie ausgefallen, dann mußte der getrocknete Sand mittels Eimer oder einer speziellen Sandkarre in den Sandkasten geschüttet werden. Die Sand-

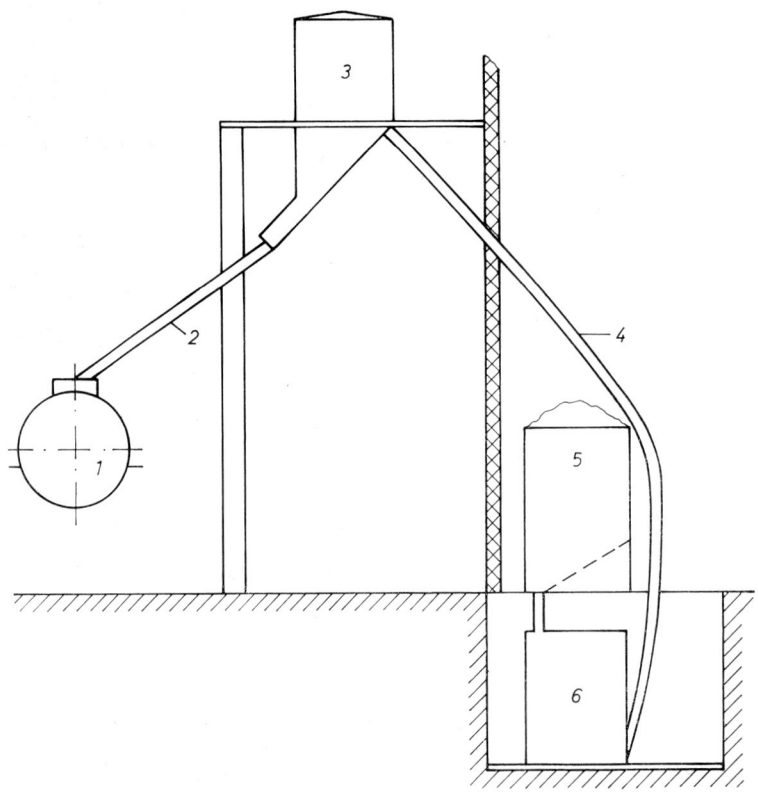

Bild 4.49
Schema einer Besandungsanlage
1 Lokomotive
2 Sandauslaufleitung
3 Hochbehälter
  für trockenen Sand
4 Förderleitung
5 Sandtrockner
6 Förderbehälter
Sammlung List

Bild 4.50
Dicht beieinander: links die
Besandungs- und rechts die
Öllokbetankungsanlage.
Bahnbetriebswerk Wittenberge,
1981.
Foto: Koehler

Bild 4.51
Besandungskarre.
Foto: Koehler

Bild 4.52
Besanden einer Loko-
motive von der Sturz-
bühne mittels Sand-
karre. Bahnbetriebswerk
Wustermark, 1982.
Foto: Koehler

karre war nur mittels Sturzbühne einsetzbar und wurde den Autoren noch im Jahre 1982 im Bahnbetriebswerk Wustermark vorgeführt! Fehlte auch eine betriebsbereite Trockenanlage, dann mußte das Personal den Sand auf einem Eisenblech über einer Ofen- oder Dampfheizung trocknen. Keinesfalls durfte feuchter Sand mit dem aufbereiteten im Sandkasten der Lokomotive vermischt werden, weil dann eine Klumpenbildung unvermeidlich und das Verstopfen der Sandfallrohre zu befürchten war.

4.5. Die Ausblaseinrichtungen

Das regelmäßige Ausblasen der Rauch- und Heizrohre des Lokomotivkessels war zwingend notwendig, um die volle Funktionsfähigkeit der selbsttätigen Feueranfachung durch den Saugzug zu erhalten. Unverbrannte Kohleteilchen, Asche und Schlacke wurden während der Fahrt durch die Rohre hindurchgerissen und setzten sich innen an den Rohrwandungen sowie als Klumpen ("Schwalbennester") an den Stegen und Bördeln der Rohrwand in der Feuerbüchse fest. Dadurch verschlechterte sich auch der Wärmedurchgang und behinderte die Dampfentwicklung. Im Extremfalle verstopften sogar einige Rohre, indem

sie sich mit Ruß und Asche zusetzten. Das wiederum beeinflußte die Kesselleistung negativ. Dampfmangel und Fahrzeitüberschreitungen waren die Folgen. Zu dem war ein erhöhter Kohleverbrauch unvermeidlich. Man rechnete bei einer Rußschicht von 1 mm mit einem Kohlemehrverbrauch von 5 Prozent!
Im Gegensatz zu den Lokomotiven, die mit Steinkohle gefeuert nach 500 bis 1 000 km Laufzeit ausgeblasen werden mußten, war diese Arbeit bei braunkohlegefeuerten Maschinen nach jeder Fahrt vorzunehmen. Wenn Gemische von Braunkohlenbriketts und Steinkohle verwendet wurden, verlängerte sich die Frist entsprechend der Güte der Brennstoffe.
Zum Ausblasen gehörte folgende Ausrüstung:
— Arbeitsbühne auf kleinen regelspurigen Rädern zur Aufnahme des Rohrbläsers,
— darauf rollbar auf einer Laufschiene angebrachte Aufhängevorrichtung für den Druckluftschlauch mit der Ausblasevorrichtung,
— Ausblasevorrichtung, bestehend aus
  — Blasrohren aus $1/2$zölligen Gasrohren (Durchmesser etwa 15,6 mm) bis etwa 10 m Länge mit spitzer Kappe, die vier schräg nach außen gerichtete Bohrungen von 3 mm Durchmesser besaß, zum Blasen der Heiz- und Rauchrohre,

— Blasrohren ohne besondere Kappen- und Kopfkonstruktion zum Abstoßen festgesetzter Asche,
— Stoßstangen zum Beseitigen schwer lösbarer oder vollständiger Verstopfungen,
— Stangen mit vorn befindlichen Schneckenbohrern zum Lösen hartnäckiger Verkrustungen durch Hineinschrauben in die Heizrohre,
— Drahtbürsten in Spiralform,
— Kratzern.

Zum Ausblasen wurde die Lokomotive auf ein meist im Freien befindliches Gleis gebracht, die Rauchkammertür geöffnet und die Arbeitsbühne davor geschoben. Der Ausbläser befestigte am Absperrhahn des Luftschlauches das benötigte Blasrohr, führte es nacheinander in die Rohre ein und preßte mit dem drallartig austretenden Luftstrahl (etwa 0,6 bis 0,8 MPa) die abgelösten Ruß- und Ascheteilchen in die Feuerbüchse. Das Ausblasen von der Feuerbüchsseite aus war ebenfalls üblich, durch den knapp bemessenen Raum des Führerstandes aber weitaus beschwerlicher als das Blasen von der Rauchkammer aus. Danach mußten die Rohre metallisch rein sein. Das Ausblasen dauerte je nach Verschmutzungsgrad 30 bis 60 Minuten und erforderte etwa 1 m^3 Druckluft.

In den letzten Jahren sind Rußbläser auf der Lokomotive fest eingebaut gewesen. Über der Feuertür befand sich an der Stehkesselrückwand eine Blasedüse, aus der ein scharfer Dampfstrahl in Richtung Rohrwand austrat. Die Düse war schwenkbar, so daß der gesamte Rohrspiegel bestrichen werden konnte. Die Rußansätze in der Feuerbüchse und in den Rohren beseitigte das Lokomotivpersonal während der Fahrt durch breitflächiges Bestreuen des durchgebrannten Feuers mit OM-Salz und erleichterte damit die schwere, schmutzige Arbeit des Betriebsarbeiters an der Ausblaseeinrichtung. OM-Salz bewirkte auf chemischem Wege die Aufhebung der Klebewirkung des Rußes und damit das Ablösen des Rußes von den Flächen. Es bestand im wesentlichen aus Natriumchlorid, Ammoniumchlorid, Natriumsulfat, Kalziumsulfat und einem organischen Katalysator. Das Lokomotivpersonal führte es in einem Holzkasten auf dem Tender in der Nähe der Kohleentnahmeöffnung, dem Schaufelblech, mit. Der Verbrauch richtete sich nach der Art der verfeuerten Kohle: nach jeder Tonne verbrannter Steinkohle mußten 150 g, bei Braunkohlebriketts 200 g OM-Salz mit der Schaufel gleichmäßig verstreut werden. Um eine genügende Einwirkzeit zu erreichen, durfte der Schieberkastendruck dann nur 0,5 bis 0,7 MPa betragen. Nach zwei bis drei Minuten Einwirkung durften das Feuer wieder mit Kohle beschickt und der Regler wieder voll geöffnet werden.

4.6.   Die Auswaschanlage

Nicht alle chemischen Bestandteile des Kesselwassers verdampften, sondern setzten sich allmählich als Schlamm und Kesselstein auf den Heizflächen und am Kesselmantel ab. Seit je her galt der Kesselstein als der Todfeind des Dampflokomotivbetriebes, denn einerseits be-

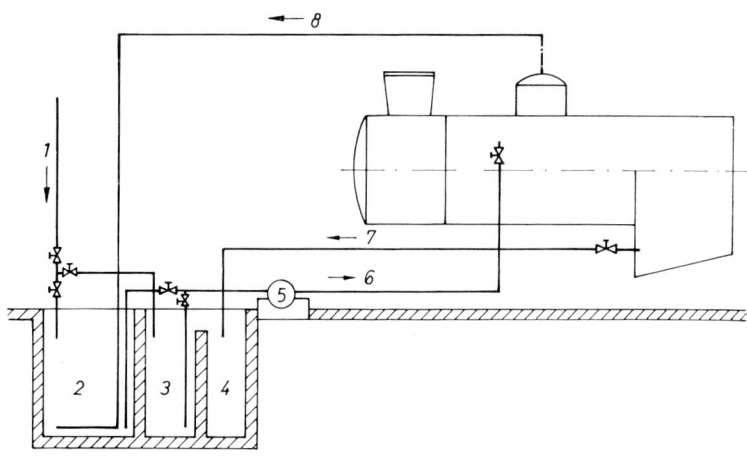

Bild 4.53
Schema des Normalauswaschens
1 Frischwasser
2 Füllwasser
3 Spritzwasser
4 Schlammabschneider
5 Auswaschpumpe
6 Spritz-
  oder Füllwasser
7 Kesselwasser
8 Ablaßdampf
Sammlung List

wirkte ein Belag von nur 1 mm Stärke bereits einen 2 Prozent höheren Kohleverbrauch. Der Kesselstein behinderte andererseits den zügigen Wärmeübergang von den Heizgasen auf das Wasser und führte zum gefürchteten Wärmestau, der die Temperaturen in der Feuerbüchse und im Kesselblech allgemein unzulässig hoch werden ließ. Das bedeutete eine erhöhte Gefahr des Ausglühens der Wandungen und damit eine drohende Zerstörung des Kessels.

Das Auswaschen des Kessels sollte bewirken, daß alle Ablagerungen vor ihrer Verhärtung, also im schlammartigen Zustand, aus dem Kessel entfernt wurden. Die Häufigkeit des Auswaschens war abhängig von der Güte des Speisewassers, der Bauart der Lokomotive, der Art des Betriebsdienstes und der Laufleistung. Bei Verwendung harten Wassers und ununterbrochen starker Beanspruchung der Lokomotive mußte wöchentlich einmal ausgewaschen werden. Bei mittlerer Anstrengung und weniger hartem Wasser war aller 10 bis 14 Tage Auswaschtermin. Im Durchschnitt rechnete das Bahnbetriebswerk mit Laufleistungen zwischen zwei Auswaschungen bei Reisezuglokomotiven von 2 000 km und bei Güterzug- und Rangierlokomotiven von 1 500 km. Jede Dienststelle führte einen Auswaschkalender und überwachte laufend im Nachweis der Fristarbeiten die Maschinen hinsichtlich des Auswaschens. In den Dienstplänen der Lokomotiven und der Per-

Bild 4.54
Rohranschlüsse zur Umwälzanlage im Auswaschkanal. Bahnbetriebswerk Brandenburg, 1983.
Foto: Koehler

Bild 4.55
Im Freien liegende Auswaschkessel. Bahnbetriebswerk Stendal, 1983.
Foto: Koehler

Bild 4.56
Bedienseite eines Auswasch-
kessels. Rechts im Bild der
Wasserstandanzeiger.
Foto: Koehler

Bild 4.57
Wasserstandanzeiger und
Thermometer am Auswasch-
kessel des Bahnbetriebswerkes
Brandenburg, 1983.
Foto: Koehler

sonale waren alle Auswaschtage exakt fixiert. In den ersten Jahrzehnten wurde ausschließlich kalt ausgewaschen. Erst bei der Deutschen Reichsbahn setzte sich zunehmend das heiße Auswaschen durch. In den letzten 30 Jahren ist im wesentlichen nur noch heiß ausgewaschen worden. Das hatte handfeste wirtschaftliche Vorteile: Beim Kaltauswaschen mußten die Maschinen erst auf 40 °C abkühlen, standen also längere Zeit völlig ungenutzt. Dann erst konnte das Kesselwasser abgelassen werden, das als Abwasser abfloß. Die in ihm enthaltene Restwärme ging vollständig verloren. Das Ausspritzen des leeren Kessels erfolgte mit kaltem Wasser.

Beim heißen Auswaschen nutzte man weitestgehend die im Kesselwasser gespeicherte Wärme aus, denn eine sinnvolle Anordnung der einzelnen Behälter und ihre gegenseitige Verbindung in der Auswaschanlage ermöglichte es, einen Großteil der Wärme zurückzugewinnen und außerdem die Auswaschzeit erheblich zu verkürzen. Zur Auswaschanlage gehörten neben den Rohrleitungen zur Verbindung der Einzelteile und Versorgung der Auswaschstände sowie einer Reihe von Standrohren die
— Spritzwasserbehälter,
— Füllwasserbehälter,
— Schlammabscheider,
— Wärmeaustauscher,

Bild 4.58
Druckwasserpumpen der Auswaschanlage im Bahnbetriebswerk Stendal, 1983.
Foto: Koehler

— Temperaturregler,
— Schwimmerventile und
— Kreiselpumpen.

In der Regel war die gesamte Auswaschanlage unterhalb des Standgleises im Lokomotivschuppen angeordnet, um das natürliche Gefälle mit ausnutzen zu können. Zuerst wurde der Kesseldruck auf 0,5 MPa herabgesenkt und dann der Dampf der auszuwaschenden Lok bis auf 0,01 MPa in den Füllwasserbehälter abgelassen, der mit Frischwasser gefüllt war. Dadurch stieg dessen Temperatur auf etwa 90 °C. Ein weiteres Steigen wurde durch ein vom Temperaturregler beeinflußtes selbsttätiges Nachfüllen kalten Frischwassers verhindert. Anschließend mußte das Kesselwasser über den Schlammabscheider und den Wärmetauscher (ähnlich dem Speisewasservorwärmer auf der Lokomotive) in den

Spritzwasserbehälter abgelassen werden. Das Kesselwasser gab also im Wärmetauscher seinerseits ebenfalls noch Wärme an das dort hindurchströmende Frischwasser ab. Ein in der Abwasserleitung eingebautes Schwimmerventil regulierte den Frischwasserzufluß zum Wärmetauscher und hielt damit die Temperatur des Spritzwassers auf 50 °C. Der wärmewirtschaftliche Gewinn äußerte sich augenfällig in folgender Gegenüberstellung: 6 m³ Kesselwasser von 110° C gaben innerhalb von 45 Minuten soviel Wärme an 4 m³ Frischwasser ab, daß es von 10 °C auf 95° C erwärmt wurde, wobei das Kesselwasser auf 50 °C abkühlte.

Ältere Anlagen hatten statt des Schlammab-

scheiders einfache Gruben mit Prallblech und Schlammfang, und es fehlten Wärmeaustauscher, Temperaturregler und automatische Frischwasserzufuhrregulierung. Dafür wurde der Füllwasserbehälter zusätzlich beheizt, wozu ein separater Heizkessel oder eine Heizlokomotive die Energie liefern mußten. Das abgelassene Wasser verwendete man nur zum Ausspritzen des Kessels, wozu es nicht besonders aufbereitet wurde. Bei modernen Anlagen bestand der Schlammabscheider aus einem Behälter mit Koks- und Kiesfüllung in einem Korb, durch den das schlammhaltige Kesselwasser hindurchlief. Der sich absetzende Schlamm konnte — je nach Verschmutzungsgrad dieser Füllung — etwa aller vier

Bild 4.59 Auswaschpumpe im Bahnbetriebswerk Brandenburg, 1983. *Foto: Koehler*

Bild 4.60 Standrohr mit Schlauchanschluß am Auswaschstand. Bahnbetriebswerk Brandenburg, 1983. *Foto: Kochler*

Bild 4.61 Doppelkammerkläranlage für Abwässer. Bahnbetriebswerk Salzwedel, 1983.   Foto: Koehler

Wochen durch Rückspülung und geöffnete Abschlammleitungen entfernt werden.

Nach dem Entleeren des Kessels wurden alle Waschluken und Reinigungsdeckel geöffnet. Anschließend begann das Ausspritzen mit einem scharfen Wasserstrahl, um Schlamm und Kesselstein zwischen den Rohren sowie den Stehbolzen und der Feuerbüchse wegzuspülen. Der Kesselstein mußte dazu mechanisch abgestoßen werden. Zwischen dem Spritzwasser und dem Kessel sollte der Temperaturunterschied nicht mehr als 10 °C betragen, um unnötige Spannung zu vermeiden. Das Auswaschen war vom Werkmeister zu überwachen und im Ergebnis zu kontrollieren. Zum Ausspritzen des Kessels und zum Füllen wurden elektrisch angetriebene Kreiselpumpen verwendet.

Charakteristisch für die Auswaschstände in den Schuppen waren die Standrohre zum Anschluß der Schläuche für das Ablassen, Spritzen und Füllen. Um auch bei Havarien oder planmäßigen Instandsetzungen der Drehscheibe auswaschen zu können, gab es in den Bahnbetriebswerken meist einen gesonderten Auswaschkanal außerhalb des Lokomotivschuppens. Entsprechende Schlauch- und Rohrleitungen stellten die Verbindung zu dieser Auswaschanlage her.

4.7. Ölausgabe und Sodalager

Die für den Dampflokbetrieb verwendeten Schmiermittel unterlagen hinsichtlich ihrer Lagerung und Ausgabe keinen besonderen Bestimmungen. Oftmals befanden sich das Öllager und die Ölausgabe in Kellern. Andere Stoffe sollten dort nicht zugleich aufbewahrt werden. Während in kleineren Anlagen direkt aus dem Faß gezapft wurde, besaßen größere anstelle der einfachen Flügelpumpe oder des Zapfhahnes Ölbehälter mit eingebauter Abfüllpumpe. In Dienststellen mit großem Ölverbrauch wurde das Öl in Kesselwagen angeliefert und von dort in unterirdische Tanks geleitet. Neben den Tanks war in den Kellern gewöhnlich die Ausgabestelle. Dort wurde mit Flügelpumpen das Öl in Meß-

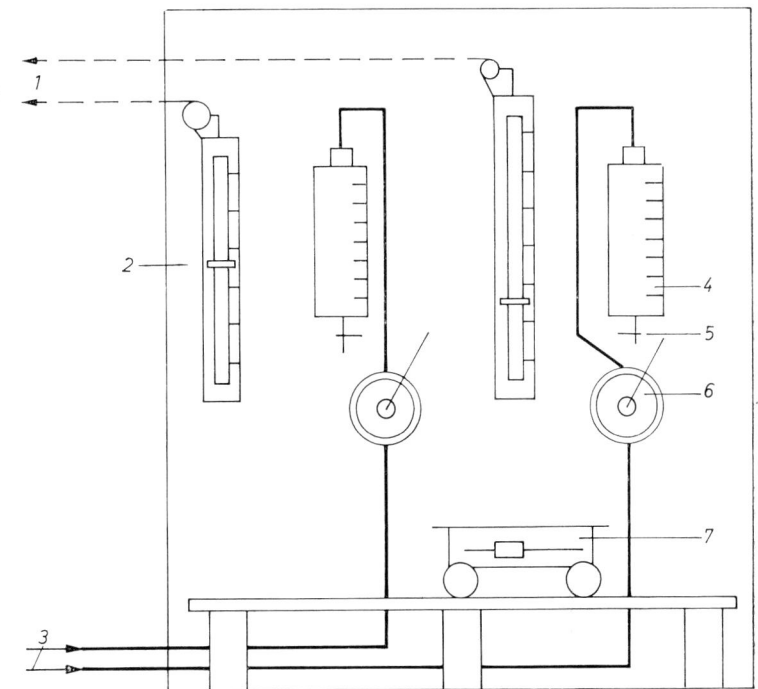

Bild 4.62
Schema einer Ölzapfbank
1 Schwimmerverbindung zu
  den Öltanks
2 Ölstandanzeige in den Tanks
3 von den Tanks
4 Meßzylinder
5 Zapfhahn
6 Flügelpumpe
7 Waage
Sammlungs List

Bild 4.63
Sodakammer. Bahn-
betriebswerk Salzwedel,
1983.
Foto: Koehler

Bild 4.64 Sodabunker im Lokomotivschuppen des Bahnbetriebswerkes Brandenburg zum Vordosieren für die Auswaschlokomotiven, 1983 *Foto: Koehler*

behälter befördert und dann in die Ölkannen abgefüllt, die vom Lokomotivpersonal mitgebracht wurden. Es gab auch Öltanks mit überirdischer Ausgabe. Dann waren die Keller meist auch beheizbar. Flügelpumpen oder Druckluft brachten das Öl nach oben in Zwischenbehälter, die auf einer Zapfbank angeordnet waren. Auf der Zapfbank lief eine unter die einzelnen Zapfhähne verfahrbare Waage, mit der die Ölmenge abgemessen werden konnte.

Die Chemikalien zum Dosieren lagerten überwiegend in nicht besonders hergerichteten Räumen. Sie mußten lediglich Schutz gegen Nässe bieten. Die getrennte Aufbewahrung erfolgte in hölzernen oder metallischen Behältern. Manchmal dienten ausgemusterte Güterwagenkästen als Sodalager.

Bild 4.65 In der Ölausgabe des Bahnbetriebswerkes Stendal, 1983. *Foto: Koehler*

5. Die baulichen Anlagen

5.1.　Die Gleise

Die einzelnen Lokomotivbehandlungsanlagen, Lokomotivschuppen und sonstigen Anlagen des Bahnbetriebswerkes waren durch Gleise miteinander verbunden. Ein- und Ausfahrgleise stellten die Verbindung mit dem Bahnhof her. Während in kleineren Betriebswerken für die Ein- und Ausfahrt ein Gleis benutzt wurde, verfügten größere Anlagen über getrennte Ein- und Ausfahrten, um einen zügigen Betriebsablauf gewährleisten zu können. Das Einfahrgleis mündete stets in die Bekohlungsanlage. Das Ausfahrgleis stellte die kürzestmögliche Verbindung zwischen Lokomotivschuppen und Verbindungsgleis zum Bahnhof dar.

Die Bekohlungsgleise mußten ohne Gefälle verlegt sein und umfaßten neben den Gleisen, auf denen die zu bekohlenden Lokomotiven verkehrten, auch jene für die Aufstellung der Kohlewagen, die dem Antransport der Kohle dienten. Diese Gleise lagen entweder im oder neben dem Kohlebansen. Neben oder im Kohlebansen lag auch das Krangleis für fahrbare Drehkrane. Meist war es soweit verlängert, daß der Kran gleichzeitig den Schlackensumpf erreichen und entleeren konnte. War das Krangleis regelspurig, wurde es in die Gleisanlagen eingebunden. Hingegen lagen die Laufschienen der Brückenkrane meist auf der Bansenwand oder waren direkt daneben bzw. zwischen den Gleisen verlegt. Auch diese Gleise führten meist bis zur Ausschlackanlage.

Während des Ausschlackens und Entfernens der Rauchkammerlösche standen die Lokomotiven auf dem Ausschlackgleis, das wiederum ohne Gefälle verlegt sein mußte. Bei kleineren Anlagen war das oftmals nur eine mit einem Rost abgedeckte wassergefüllte Grube, in größeren Betriebswerken lagen mehrere nebenein-

ander. Schlackengruben von 50 m Länge erlaubten das gleichzeitige Behandeln zweier hintereinander stehender Lokomotiven. Ein Mittenabstand der Schlackengleise von mindestens 4,5 m vermied ein gegenseitiges Behindern.

Neben dem Schlackengleis oder zwischen mehreren befand sich das Schlackenwagengleis. Für die Mehrzahl aller Bahnbetriebswerke genügte ein Gleis, weil der Schwenkbereich des Greifers alle vorhandenen Schlackensümpfe erfaßte bzw. die Kette des Endlos- oder Stetigförderers durch alle Sümpfe lief. Die Sümpfe wiederum hatten ein derart großes Fassungsvermögen, daß sie nicht laufend entleert zu werden brauchten.

Wendegleise dienten im Bahnbetriebswerk dazu, den Lokomotiven, die nur zum Kohle- und Wassernehmen kamen, eine kurze Wendezeit zu ermöglichen. Es lag parallel zum Hauptkohlebansen und war einerseits an das Einfahrgleis, dererseits an die Drehscheibe angeschlossen. Hatte ein Betriebswerk starken Zulauf fremder Lokomotiven, die nur zum Wenden kamen und schnell abzufertigen waren, dann mußten mehrere Wendegleise vorgesehen werden. Genauso beschleunigten Umfahrgleise den Lokomotivumlauf. Diese dienten dazu, einzelne Behandlungsanlagen außerhalb der Reihe oder das gesamte Bahnbetriebswerk zu umfahren. Wende- und Umfahrgleise zusammen bildeten die Fahrstraße, die es ermöglichte, einzelne Maschinen vordringlich abzufertigen bzw. starke Ansammlungen schnell aufzulösen.

Die Drehscheiben der Ringschuppen verfügten über je einen Gleisanschluß für ankommende und abfahrende Lokomotiven. Die Gleise durften kein Gefälle in Richtung Drehscheibengrube haben. Für ankommende Maschinen mündeten alle Fahrstraßen im Anschlußgleis für die Fahrt zum Schuppen. Das andere Anschlußgleis diente den ausfahrenden Lokomotiven und führte auf kürzestem Wege zum Ausfahrgleis in Richtung Bahnhof. Jedem Bahnbetriebswerk war ein Stofflager zugeordnet, dem Betriebs- und Werkstoffe, Radsätze, Ersatzteile und Baugruppen zugeführt werden mußten. Während in kleinen Betriebswerken ein Abstellgleis genügte, verfügten größere Werke über spezielle S t o f f l a g e r g l e i - s e , die z. T. sogar als Gleisstumpf an einer Laderampe mit Hebezeug endeten.

Die Besandungsanlagen benötigten kein spezielles Gleis, weil der Antransport des Sandes nur selten und in einzelnen Wagen erfolgte. Man benutzte dazu ein an der Anlage vorüberführendes Gleis.

W e r k s t a t t g l e i s e für die Zu- und Abfuhr von Geräten, Ersatzteilen und Stoffen waren nur dann vonnöten, wenn nicht bereits Schuppengleise zur Werkstatt führten.

A b s t e l l g l e i s e sah man für kalt abgestellte Maschinen vor. Im Bedarfsfalle wurden dort auch vorübergehend unter Dampf stehende Lokomotiven abgestellt. Diese entlasteten die Schuppengleise von jenen Maschinen, die dem Ausbesserungswerk zuzuführen waren und auf die Annahme warteten. In der Regel lagen diese Gleise in einem wenig benutzten Abschnitt des Bahnbetriebswerkes, was ihnen umgangssprachlich die Bezeichnung „der Rand" einbrachte.

Soweit vorhanden, war ein H i l f s z u g g l e i s so angeschlossen, daß ein schnelles Ausfahren ohne umfangreiche Rangierbewegungen möglich war. Das Gleis verfügte über einen Dampfanschluß (Heizung im Winterbetrieb) und durfte von anderen Fahrzeugen weder mitbenutzt noch verstellt werden. Größere Betriebswerke hatten mindestens ein U n t e r s u c h u n g s g l e i s („Kanal") mit einer Arbeitsgrube von etwa 30 m Länge gleichlaufend zum Einfahr- oder Bekohlungsgleis. Hier konnten die Personale abölen, die Maschinen untersuchen und kleinere Arbeiten ausführen. W a r t e g l e i s e waren nur dort vorhanden, wo Bereitschaftslokomotiven in der Nähe der Ausfahrt aufgestellt waren und zu diesem Zwecke keine Packwagen-, Kohlewagen-, Abstell- oder Stofflagergleise mitbenutzen.

5.2. Der Lokomotivschuppen

Das markanteste, flächen- und raummäßig größte Gebäude eines jeden Bahnbetriebswerkes war der Lokomotivschuppen, landläufig auch Remise, Rotunde oder Heizhaus genannt. Der Aufenthalt der auf den Standgleisen abgestellten Maschinen diente verschiedenartigen Zwecken, wonach auch die Stände benannt wurden. Der Betriebsschuppenteil umfaßte Stände für
— die technischen Vorbereitungs- und Abschluß-
  arbeiten,
— die Reinigung,
— die Unterflurradsatzbearbeitung,
— das Auswaschen,
— das Abstellen.
Der Werkstattschuppenteil enthielt Stände für
— die planmäßige Unterhaltung,
— die Schadgruppen,
— die Hebearbeiten („Aushebestand").

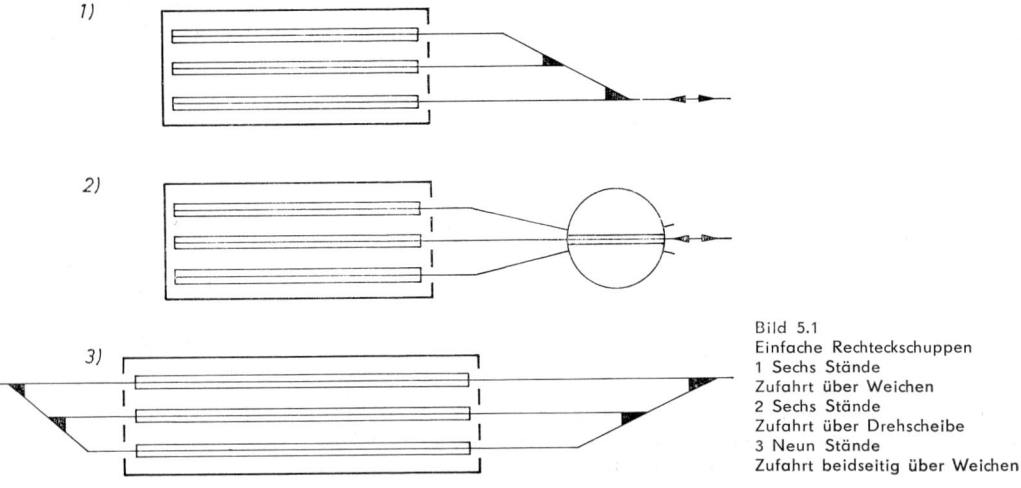

Bild 5.1
Einfache Rechteckschuppen
1 Sechs Stände
Zufahrt über Weichen
2 Sechs Stände
Zufahrt über Drehscheibe
3 Neun Stände
Zufahrt beidseitig über Weichen

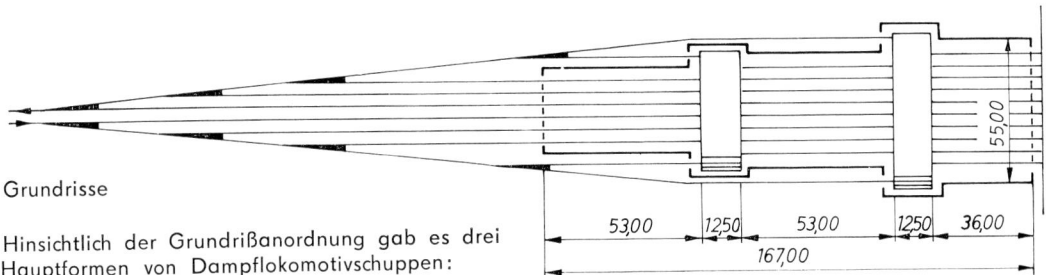

53,00 | 12,50 | 53,00 | 12,50 | 36,00
167,00
55,00

Bild 5.2 Rechteckschuppen mit Schiebebühnen

Grundrisse

Hinsichtlich der Grundrißanordnung gab es drei Hauptformen von Dampflokomotivschuppen:
— Rechteckschuppen,
— Rund- oder Kreisschuppen,
— Ringschuppen.
Beim R e c h t e c k s c h u p p e n lagen alle Gleise parallel zueinander. Die Zufahrt erfolgte in der Regel von einer Schmalseite, in einigen Fällen aber auch von beiden Seiten. Bei kleinen Rechteckschuppen erreichten die Lokomotiven ihren Stand über Weichen (typisch für fast alle Klein- und Schmalspurbahnen) oder eine Drehscheibe (z. B. Wernigerode). Um die räumliche Ausdehnung der Weichenharfe nicht zu groß werden zu lassen, wurden meist nicht mehr als drei parallele Gleise angelegt. Erfolgte die Zufahrt von nur einer Schmalseite, enthielt der Schuppen pro Gleis höchstens zwei Stände. Beiderseitige Zufahrtmöglichkeiten ließen drei Stände je Gleis zu. Dadurch war der Zugriff zu den untergestellten Maschinen ohne längeres Rangieren möglich. Die einfache Rechteckform wurde aus Platzgründen selbst bei Drehscheibenzufahrt selten mit mehr Gleisen angelegt.
Rechteckschuppen mit Zufahrten über Schiebebühnen eigneten sich für große Ständezahlen bei rationellster Platzausnutzung. Dieser Schuppentyp wurde gern gebaut, weil er übersichtlich war, kein unnötig überbauter Raum auftrat und leichte Erweiterungsmöglichkeiten gegeben waren. Jedoch galt als Nachteil die Abhängigkeit von der Funktionsfähigkeit der Schiebebühne. Deshalb sind derartige Schuppen sicherheitshalber entweder mit einem Teil von Ständen ausgerüstet worden, die direkt über Weichen zugänglich waren, oder es wurden mehrere voneinander unabhängige Schiebebühnen mit eigenen Zufahrgleisen angeordnet. Dabei achtete man darauf, daß im Schuppen nicht mehr als drei Maschinen hintereinander stehen konnten und daß für jeden Stand der Zugang über zwei verschiedene Wege möglich war.
Zum Drehen der Schlepptenderlokomotiven war in allen Betriebswerken eine D r e h s c h e i b e notwendig, die so in die Gleise eingeordnet sein mußte, daß sie auf möglichst kurzem Wege vom Schuppen aus erreichbar war. Als Beispiel mag ein Lageplanausschnitt dienen, aus dem alle diese Einzelheiten deutlich hervorgehen.
Die R u n d - o d e r K r e i s s c h u p p e n stellten einen geschlossenen Kuppelbau dar, in dessen Mitte eine Drehscheibe lag, an die alle Standgleise sowie die Zu- und Ausfahrgleise angeschlossen waren. In Pankow-Heinersdorf im Norden von Berlin steht noch heute ein solch prächtiges Bauwerk. Auch das Bahnbetriebswerk Paderborn hatte einen ähnlichen Schuppen. Der Kreisschuppen hatte die geometrische Form eines Vielecks. Neben der durchgängig gleichlangen Ausführung aller Standgleise (in der Regel für e i n e Lokomotivlänge) sind auch Schuppen gebaut worden, die neben kürzeren einständigen Gleisen längere zweiständige aufwiesen. Solch ein Schuppen stand beispielsweise im Bw Grunewald (Westberlin). Die Anzahl der Schuppengleise bestimmte direkt die Größe des Zentriwinkels zwischen zwei benachbarten Gleisen. Je größer die Gleisanzahl, desto kleiner der Winkel und damit zugleich desto größer der Abstand Drehscheibenmitte — Lokomotive. Damit rückten die Gleise näher zusammen, und der unnötig umbaute Raum wurde kleiner. Man vermied bei der Anlage solcher Schuppen gern Durchschneidungen der zur Drehscheibe hin zusammenlaufenden Schienen, um keine Herzstücke einbauen zu müssen. Die pro Lokomotive zur Verfügung stehende Gleislänge im Schuppen war festgeschrieben durch die Länge der unterzustellenden Baureihe. Hingegen ergab sich die Standbreite aus der Art, wie die Lokomotiven abgestellt werden sollten: Schornstein zur Mitte hieß Mindestbreite der Lokomotive (3,15 m) plus seitlicher Spielraum von 0,5 m, da vorn an den

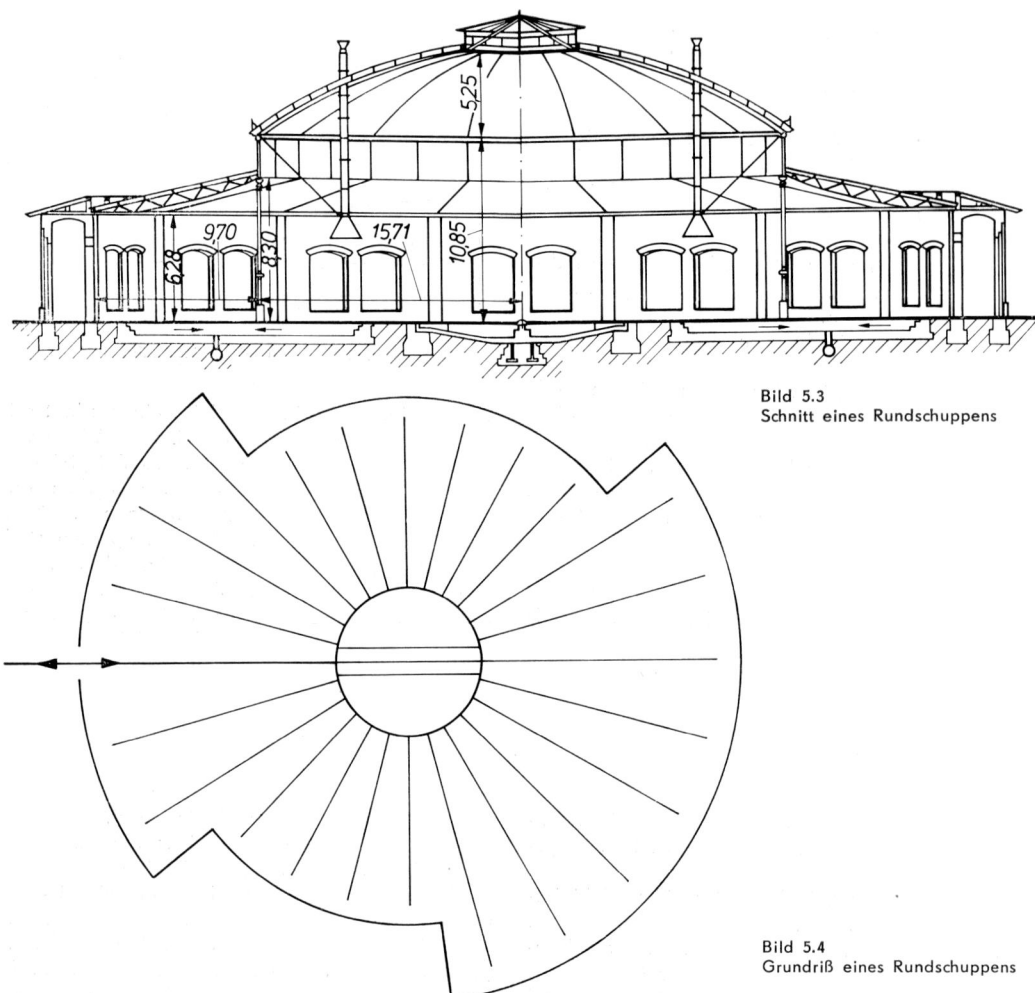

Bild 5.3
Schnitt eines Rundschuppens

Bild 5.4
Grundriß eines Rundschuppens

Maschinen am meisten zu arbeiten war (Rohre ziehen, Zylinderarbeiten usw.). Besser war es, die Lokomotiven mit dem Schornstein zur Außenwand abzustellen, weil dann die Breite je Stand mit 3,15 m genügte. In diesem Falle war vorn an der Lok ausreichend freier Platz, und wenn Rohre zu ziehen waren, konnten die Fenster gegenüber der Rauchkammertür geöffnet werden. Die Standlänge wurde mit Lokomotivlänge plus 1 bis 2 m Spielraum gegen die Außenwand bemessen. Aus diesen Grundmaßen leiteten sich zwangsläufig die Breite des Vielecksegments und natürlich die gesamte zu überbauende Grundfläche ab.

Nachteilig bei dieser Bauform war die fehlende Erweiterungsmöglichkeit, da das Gebäude nur für eine vorher feststehende Zahl von meist 16 bis 24 Ständen ausgelegt werden konnte. Daneben mußten mit kostenaufwendigen Dach- und Trägerkonstruktionen große Flächen und lichte Höhen umbaut werden, die nicht direkt und unmittelbar für den eigentlichen Zweck eines Lokomotivschuppens nutzbar gemacht werden konnten. Diese gewaltigen, domahnlichen Hallen waren schwierig zu beheizen. Jedoch traten wenig Wärmeverluste auf, weil nur wenige Tore nach außen führten. Nachteilig war die völlige Abhängigkeit von der Drehscheibe, die stets sicher funktionieren mußte. Der große Vorteil bestand darin, daß ein Schuppen dieser Grundrißform sehr übersichtlich und die im In-

Bild 5.5 Rund- oder Kreisschuppen des Bahnbetriebswerkes Berlin-Pankow, 1983. *Foto: List*

Bild 5.6 Teilansicht des Ringschuppens mit Gelenkdrehscheibe des Bahnbetriebswerkes Salzwedel, 1983. *Foto: Koehler*

Bild 5.7 Einfahrt zum Rundschuppen des Bahnbetriebswerkes Berlin-Pankow mit davorliegendem Untersuchungskanal, 1983.   Foto: List

nern befindliche Drehscheibe bestens gegen Witterungseinflüsse geschützt war.

Die Ringform wurde in der Praxis am meisten angewendet und überwiegend als Stück eines Ringes bis zum Halbkreis ausgeführt, seltener weiter oder gar bis zum fast geschlossenen Ring. Die Zufahrt erfolgte normalerweise über eine im Freien liegende Drehscheibe. Eine Zufahrt über Weichenverbindungen (wie z. B. in Löbau) war äußerst selten. Interessante Lösungen fand man zum Zwecke äußerster Flächenausnutzungen, indem zwei Viertelkreise dicht nebeneinandergerückt wurden, die je eine Drehscheibe besaßen und die mit einem geraden Stück verbunden waren (z. B. Bw Köln Bbf hier sogar in zwei Ebenen mit verschieden großen Drehscheiben). Es gab auch benachbarte Ringschuppen mit sich überschneidenden Drehschei-

Bild 5.8 Im Ringlokschuppen abgestellte Lokomotiven. Bahnbetriebswerk Salzwedel, 1984.   Foto: Koehler

bengruben („Doppeldrehscheibe"), deren volle Drehung natürlich gegenseitig abgestimmt sein mußte. Solch eine Anlage bestand ebenfalls in Köln, und sie ersetzte die vorher genannten kleineren Drehscheiben ab Mitte der zwanziger Jahre.

Auch beim Ringschuppen waren die Wände als Seiten konzentrischer Vielecke ausgebildet. Die seitliche Erweiterung solcher Gebäude war in der Regel möglich, solange das Gelände nicht anderweitig bebaut war. Auf jedem Gleis war nur immer ein Stand, so daß der Zu- und Abgang der Maschinen unabhängig voneinander erfolgte. Der große Vorteil dieser Bauform bestand neben der Erweiterungsmöglichkeit darin, daß nur die Standflächen überbaut waren, die riesigen Trägerkonstruktionen der Kreisschuppen also entfielen und die Bau- und Unterhaltungskosten niedriger lagen. Solche Schuppen waren leicht zu beheizen. Andererseits mußte für jedes Gleis ein Tor vorhanden sein, was zu enormen Wärmeverlusten führte. Ringschuppen benötigten größere Flächen als Kreisschuppen und auch mehr Gleismaterial. Sie waren insgesamt unübersichtlicher. Interessante Lösungsvarianten wurden

hinsichtlich der Gleisanordnung je Sektor gefunden. Am weitesten verbreitet war die Ausführung mit einem geraden Gleis je Sektor. Das führte zur bestmöglichen Flächenausnutzung. An der inneren Ringwand lagen alle Tore dicht beieinander. Die Torweite (mindestens 3,35 m, besser 3,80 m) und die Breite der Torpfeiler (Mauerwerk 0,80 m, Holz und Gußeisen 0,45 m, Schmiedeeisen 0,30 m) bestimmten die bauliche Anordnung des Schuppens. Je nach Wahl des Baumaterials lag die Flächenbreite eines Ringschuppenstandes bei einer Mindesttorweite von 3,35 m zwischen 4,15 und 3,65 m, bei der Torweite von 3,80 m zwischen 4,60 und 4,10 m. Weiterhin waren der Abstand Torflucht – Mitte Drehscheibe sowie die Lokomotivlänge (= Standlänge) Kriterien der Gesamtgrundfläche und der Gleislängen je Stand.

Große Abstände erlaubten zwar das Abstellen von Maschinen vor den Toren im Freien, also eine Doppelnutzung jedes Gleises. Das führte aber zur Vergrößerung der Gleislängen und damit zur Verteuerung der Anlage. Eine größere Anzahl von Ständen konnte untergebracht werden, wenn Gleisüberschneidungen in Kauf genommen wurden. Dann war zwar das Abstellen von Lokomotiven im Freien ohne Behinderung des Nachbarstandes nicht möglich, aber der Grundflächenbedarf verringerte sich erheblich.

Ein wichtiger Einflußfaktor war der Drehscheibendurchmesser, denn er bestimmte direkt die mögliche Anzahl der Stände: Bei den um die Jahrhundertwende üblichen Drehscheibendurchmessern z. B. von 16,20 m für die preußischen Bahnen ergaben sich beim Halbkreis 16 Stände ohne und 32 bei einfacher Gleisüberschneidung, bei 20 m Durchmesser aber bereits 20 Stände ohne bzw. 40 Stände mit Überschneidung. Man rechnete damals mit einer Drehscheibe für 20 bis 24 Lokomotiven. Mußten mehr Stände angeordnet werden, griff man zu den vorher erwähnten Teilungen in zwei Viertelkreise und ihre Verbindung mit dem geraden Zwischenstück und ordnete jedem eine Scheibe zu. Mehrere Gleise je Sektor ergaben größere Tore und mehr unnötig umbauten Raum. Diese Bauform wurde sehr selten ausgeführt und war z. B. in Gera-Eichicht anzutreffen. Dagegen ließen die peußischen Staatsbahnen die Variante „zwei geschlungene Gleise je Sektor" des öfteren realisieren. Hier waren je zwei Gleise vom Umfang der Drehscheibe aus mit konvexen Krümmungen auseinanderlaufend angelegt. Das Herzstück lag etwa unter dem gemeinsamen Tor. Erst etwa 6 m hinter dem Tor im Schuppeninneren wurden die Mindestentfernung von 3,50 m und die gerade Richtung erreicht, so daß hier der Lokomotivstand begann. Der Vorteil der Anordnung bestand darin, daß die Tore nach innen geöffnet werden konnten. Außerdem war genügend Platz zum Rohreziehen, ohne Fenster oder Tore öffnen zu müssen. Die zu überbauende Grundfläche hingegen war wiederum größer als bei anderen Bauformen des Ringschuppens. Die daraus resultierende Verteuerung wurde jedoch großenteils wieder aufgehoben, weil der Abstand Drehscheibenmitte — Lokstand kürzer wurde und sich der Gesamtbedarf an Grundfläche und Gleislänge außerhalb des Schuppens verringerte. Die Torzahl sank, jedoch wuchs ihre Weite (von z. B. 3,35 auf 4,70 m), so daß oftmals Schiebetore eingebaut wurden. Diese Bauform ist im Jahre 1881 erstmals ausgeführt worden.

Wie beim Kreisschuppen, war die volle Funktionsfähigkeit von Lokomotivschuppen in Ringform vom Zustand der Drehscheibe abhängig, die bei dieser Bauweise Wind und Wetter ausgesetzt war.

Einzelheiten des Aufbaus

Die Schuppenwände wurden meist massiv gemauert, aber auch als Fachwerk errichtet. Zur Unterstützung der Dachkonstruktionen dienten Säulen aus Gußeisen, Stahl oder Holz. Dachbinder, Pfetten und Sparren waren aus Holz. Als Metallkonstruktionen traten sie vorrangig bei den enormen Abmessungen des Kreisschuppens auf. Hölzerne Bauelemente mußten verputzt werden, um die Feuergefahr zu vermindern, mindestens aber mit einem feuerhemmenden Anstrich aus Wasserglas versehen sein. Die Rauchgase griffen Metall stark an, weshalb die Schuppen gut zu belüften waren und eine wirksame Rauchgasabführung erhielten. Bereits im Jahre 1906 unternahm man bei den Württembergischen Staatseisenbahnen in Plochingen Versuche mit Deckenkonstruktionen und Pfosten aus Stahlbeton.

Die Rechteckform mit Giebelzufahrt erhielt ein einfaches Satteldach mit Dunstabzugsaufsatz. Zwischenstützen waren kaum notwendig, denn bis zu 12 m Weite (zwei Gleise) konnte Holz als freitragender Baustoff verwendet werden. Breitere Rechteckschuppen mit Schiebebühnen wurden mit wiederholt nebeneinander gelegten Satteldächern versehen. Jedes erhielt Dunstabzüge mit Ober- und hohem Seitenlicht.

Die Dächer sind auch als Säge- oder Shed-Dächer gestaltet worden. Das brachte bessere Ausleuchtung, günstigere Fensterreinigungsmöglichkeiten und wirksamere Belüftung. Der Rund- oder Kreisschuppen erhielt im mittleren Teil (über der Drehscheibe) eine umlaufende Glaswand, die über dem äußeren Ring hinaufgezogen worden war und durch eine Flachkuppel mit Dunstaufsatz in Metallkonstruktion überdeckt wurde. Der äußere Ring erhielt ein umlaufendes Pultdach mit Neigung nach außen (seltener ein umlaufendes Satteldach). Bei einer um 1900 üblichen Lokomotivlänge von etwa 18 m ergab sich für den ganzen Rundbau ein Durchmesser von mindestens 60 m, der hochgezogene Teil maß allein 37 m!

Bei der Ringform war es möglich, dem Schuppen ein symmetrisches Satteldach, aber auch nur ein einfaches Pultdach zu geben. Das führte zu wesentlichen Kosteneinsparungen gegenüber den aufwendigen Hallenkonstruktionen der Kreisschuppen. Über den Toren wurden meist Oberlichter eingebaut. Die Dachkonstruktionen konnten aus Holz, Stahl oder Stahlbeton hergestellt werden. Bei größeren Standlängen verwendete man Säulen zum Abstützen, die aus Holz oder Gußeisen waren. Alle Lokomotivschuppen erhielten Dachdeckungen aus Dachpappe, Ziegel, Schiefer oder Holzzement. Der Fußboden mußte feuersicher ausgeführt werden. Dazu benutzte man zuerst Klinker oder Steinplatten (Granit, Basaltlava). Zugleich erlaubten diese Baumaterialien das Ansetzen schwerer Werkzeuge. In neuerer Zeit wurden auch Betonfußböden gegossen. Der Fußboden ist in allen Fällen bis in Höhe der Schienenoberkante hochgezogen worden.

Rauchgasabführungen

Die Rauchgase stellten für die Beschäftigten im Lokschuppen eine Lebensgefahr dar, enthielten sie doch das tödlich wirkende Kohlenmonoxid. Außerdem waren alle metallischen Bauelemente der Schuppenkonstruktion einem starken Verschleiß durch die Einwirkung der Rauchgase ausgesetzt. Letztlich verursachte der Ruß Belästigungen bei der Arbeit und schlug sich auf den Fensterscheiben nieder, so daß enorme Helligkeitsminderungen auftraten. Es war also in jedem Falle bei der Errichtung von Dampflokomotivschuppen eine möglichst restlose Abführung der Rauchgase anzustreben.

Bild 5.10 Rauchgasabführung mit den Patentabschlußtrichtern der Fa. O. Fabel/München. 1) in abgelegter Stellung, 2) in angelegter Stellung.   *Sammlung List*

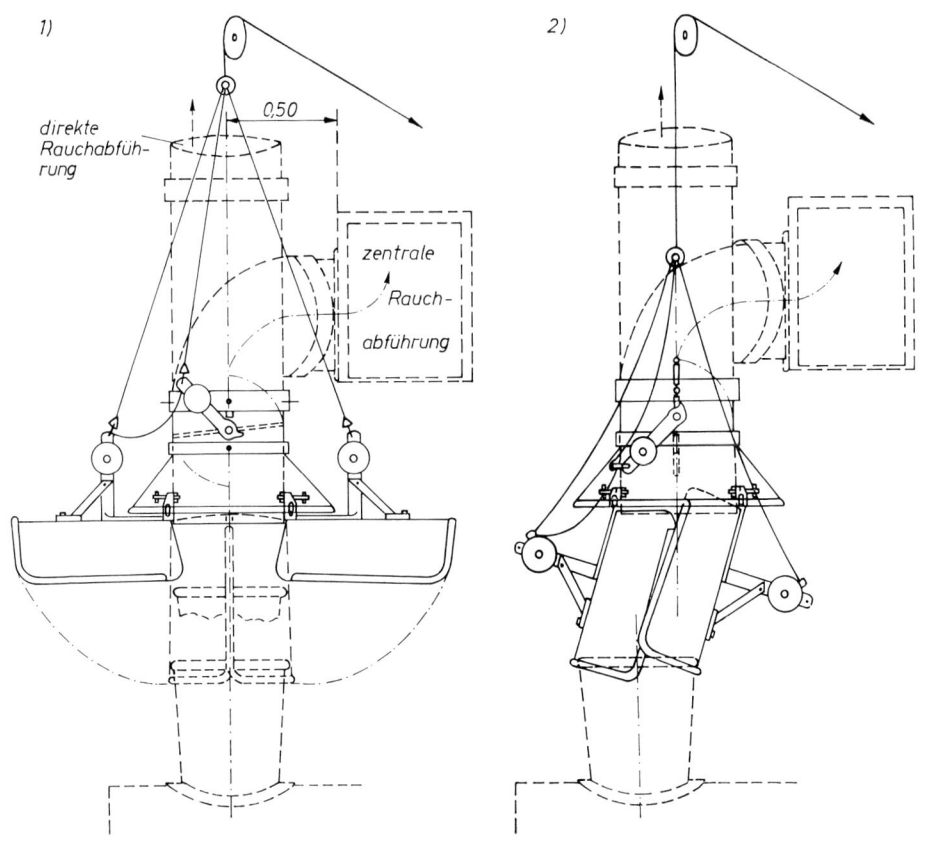

Folgende Forderungen mußten von einer guten Rauchgasabführung erfüllt werden:
— Schnelles und vollkommenes Abziehen aller aus dem Lokomotivschornstein austretenden Rauchgase aus dem Schuppen,
— Beschleunigen des Anheizens kalter Lokomotiven durch eine wirksame Zugerzeugung in der Rauchkammer, d. h. dichtes Umschließen des Lokomotivschornsteines.

Man hat sowohl Einzel- als auch Sammel- oder zentrale Rauchgasabführungen gebaut. In den älteren Schuppen waren über jedem Stand ein Rauchfang und Abzugsmöglichkeiten für Dampf und Gase mittels Dunstabzügen, Holzgitterwerken oder Jalousien im höchsten Teil des Daches oder Dachaufsatzes gefordert. Das Rauchabzugrohr mußte einen Durchmesser von 40 bis 50 cm haben, um volle Wirkung zu erzielen. Diese Rohre waren hoch über den First des Schuppendaches hinausgeführt. Das untere Ende sollte den Schornstein so eng wie möglich umschließen, um Verluste in der Saugwirkung zu verringern. Es wurde jedoch meist trichterförmig gestaltet, weil die Lokomotiven selten auf den Zentimeter genau in den Schuppen einfahren konnten, um exakt unter dem Rohr zu stehen. Seitliche, beweglich angebrachte Bleche, Jalousielamellen, pendelnde oder teleskopartig auf den Schornstein absenkbare Rohre waren Lösungsvarianten, um den Schornstein dicht zu umschließen. Die Beweglichkeit der Rohrenden vermied auch Beschädigungen der Abzugseinrichtungen.

Die Einzelrauchgasabführungen waren äußerlich sichtbar als eine Vielzahl einzelner Rohre mit einer Regenkappe, die über dem Schuppendach entweder auf beiden Seiten oder einseitig angebracht waren. Bei ungünstiger Witterung führten diese niedrig liegenden Schlote zu Belästigungen der Nachbarschaft größerer Schuppen. Deshalb ging man frühzeitig daran, in solchen Fällen eine zentrale Rauchgasabführung über Sammelkanäle unter dem Schuppendach und einen 30 bis 60 m hohen Schornstein einzurichten. Abzüge nicht besetzter Stände wurden mit Drosselklappen verschlossen.

Rauchabzugeinrichtungen bestanden aus Werkstoffen, die von den Gasen nicht oder nur schwer angegriffen wurden. Während man in neuerer Zeit harte Aluminiumlegierungen verwendete, benutzte man früher imprägniertes Holz und auch verbleite Stahlbleche. Die Röhren der Abzugseinrichtungen bestanden meist aus gebranntem und glasiertem Ton, der in der Haltbarkeit

unbegrenzt war. Für die Kanäle der Sammelrauchgasabführungen waren Mischungen aus Asbest und Zement gebräuchlich.

Sonstige Einrichtungen

Unabhängig von Grundriß und Aufbau verfügten die Schuppen über Einrichtungen, die allen eigen waren:
— Freie Räume: Mindestabstand zwischen Puffer und Außenwand 2 m, zwischen Puffer und Torwand 1 m, zwischen zwei auf einem Gleis stehenden Lokomotiven 0,5 m; Gleismittenabstand 4,5 bis 5 m; Abstand zwischen Gleismitte und Seitenwand 3,5 m; Länge der Arbeitsgruben größer als die maximale Lokomotivlänge, beiderseitiger Zugang.
— Beleuchtung: wichtig für die Längsseiten der Lokomotiven; viele große Fenster, Oberlichter, hohes Seitenlicht; Fenster in den Toren; künstliche Beleuchtung durch elektrische Glüh- oder Leuchtstofflampen, örtliche Beleuchtung durch Handlampen und in den Arbeitsgruben durch spritzwassergeschützte fest installierte Lampen.
— Beheizung: bewegliche Öfen oder Kokskörbe in der Nähe der Arbeitsstellen; Zentralheizung; Wandlufterhitzer mit Gebläse.
— Wasser: zum Reinigen der Lokomotiven; Auffüllen der Kessel und Tender; Auswaschen. Hydranten bzw. Standrohre zwischen den Ständen, angeschlossen an die zentrale Wasserleitung bzw. Auswaschanlage. Wasserkran im Schuppen Ausnahme.
— Entwässerung: Fußboden und Arbeitsgruben mit Gefälle; Abflußkanäle von Grube zu Grube oder quer und hinter den Ständen.
— Nebenräume: meist Anbauten oder gesonderte, über Verbindungsgang angeschlossene Gebäude, genutzt als Aufenthalts-, Wasch-, Diensträume, Vorratslager, Werkstatteinrichtungen u. ä.

6. Die maschinellen Anlagen

6.1. Die Drehscheiben

Die Drehscheiben dienten zum Wenden sowie Verteilen der Lokomotiven auf die Schuppengleise. Ihren Namen leitete man aus ihrer Bauform ab: Es handelte sich um eine um einen senkrechten Zapfen drehbare kreisrunde Anlage mit brückenähnlichem Tragwerk. Weil es von Anfang an Lokomotiven mit Schlepptender gab (Tenderlokomotiven kamen in Deutschland erst um 1850 auf!), bestand einerseits immer die Forderung nach einer bestimmten Stellung der Lokomotive vor dem Zuge (tunlichst mit dem Schornstein voran), andererseits waren in den

Bild 6.1 Fahrt auf die Drehscheibe. Bahnbetriebswerk Stendal, 1980. *Foto: Koehler*

Bild 6.5
Drehscheibenunter-
suchung: Die Scheibe
ist angehoben.
Bahnbetriebswerk
Stendal, 1981.
Foto: Koehler

Bild 6.6
Antriebsrad-
satz (Vordergrund) und
Laufradsätze (dahinter)
einer Drehscheibe.
Bahnbetriebswerk
Stendal, 1981.
Foto: Koehler

der Hauptträger auf vier Rädern, die auf einer nahe der Grubenwand verlegten Laufschiene liefen. Diese vier Laufräder nahmen einerseits erhebliche Teillasten auf und gaben andererseits der Drehscheibe eine sichere Führung. Deshalb lagen die Laufachsen radial in Richtung zum Mittelpunkt der Drehscheibe.

Statisch stellte die Drehscheibe einen Balken auf drei Stützen dar, wobei die Hauptstütze der zentrale Drehpunkt, der Königsstuhl, war. Die starre Drehscheibe war nur dann leichtgängig, wenn die Laufräder entlastet, d. h. von der Laufschiene abgehoben waren. Beim Auffahren der Lok entstanden deshalb sehr harte Schläge, die

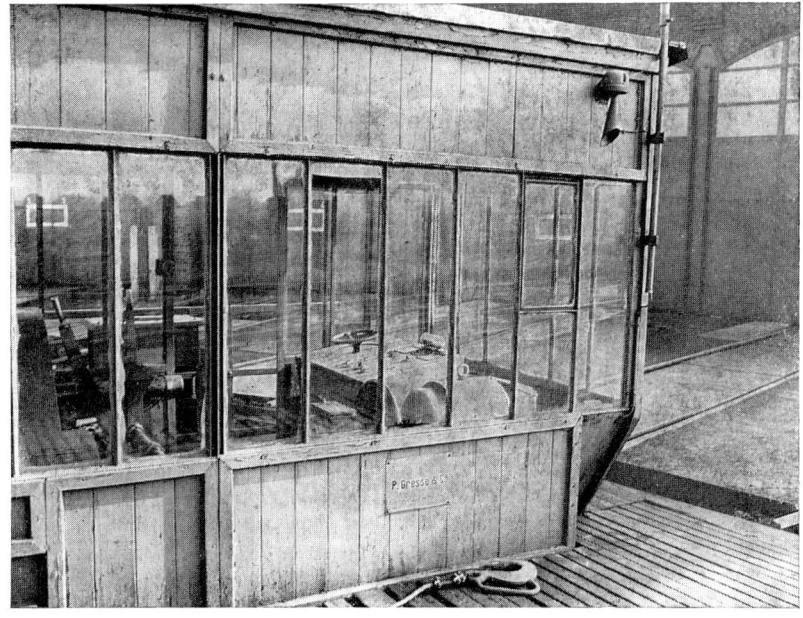

Bild 6.7
Drehscheibenhaus mit Blick auf Antriebsmotor und Steuerpult. Bahnbetriebswerk Salzwedel, 1983.
Foto: Koehler

Bild 6.8
Drehscheibenantrieb. Bahnbetriebswerk Brandenburg, 1983.
Foto: Koehler

auf die Dauer den Königsstuhl und das Fundament schädigten. Ein weiterer Nachteil war die große Bauhöhe des durchlaufenden Hauptträgers. Das erforderte tiefe Drehscheibengruben, die schwer zu entwässern waren und eine große Unfallgefahr darstellten.

Um 1915 ist erstmalig eine flachere Drehscheibenform gebaut worden. Dazu wurde der Hauptträger über dem Königsstuhl mit einem Gelenk unterteilt (später als senkrecht eingebautes Federgelenkblech seitlich neben den Königsstuhl verlegt) und dadurch erreicht, daß die Last am Königsstuhl u n d an den Laufrädern auf das Fundament übertragen wurde. Jede Hauptträgerhälfte konnte als Balken auf zwei Stützen berechnet werden und fiel dadurch wesentlich niedriger und leichter aus. Auch die Grube ließ sich flacher halten. Alle Laufräder lagen s t ä n - d i g voll auf der Laufschiene, und das harte Herunterschlagen beim Auffahren der Lokomotive entfiel. Der Königsstuhl wurde wesentlich schwächer belastet.

Die Anzahl der Laufräder erhöhte sich mit zunehmender Drehscheibengröße und -tragfähigkeit: 1933 wurden Gelenkdrehscheiben mit Nutzlängen von 19,44 m und 22,95 m bei einer Ausführung mit vier oder acht Laufrädern in den Bauvorschriften für Lokomotivdrehscheiben fest-

Bild 6.9
Kegelradhandantrieb einer
Drehscheibe. Lokomotivbahn-
hof Rathenow, 1983.
Foto: Koehler

Bild 6.10
Handantrieb über Ketten und
Vorgelege. Bahnbetriebswerk
Wustermark, 1982.
Foto: Koehler

gelegt. Von 1938 bis 1941 folgten die vereinheitlichten 23-m- und 26-m-Scheiben. Die 23-m-Drehscheibe war am weitesten verbreitet.

Zum Antrieb der Drehscheiben genügten im Anfang schräg in gußeiserne Hülsen gesteckte Rundhölzer, und mehrere Arbeiter stemmten sich, um den Grubenrand herumlaufend, dagegen. Als nächstes kam ein Antrieb auf, bei dem über Doppelkurbel und Zahnräder oder Ketten die Kraft auf eines der Laufräder übertragen wurde. Stand eine Lokomotive mit ihrem Schwerpunkt nicht über dem Königsstuhl, dann konnte es infolge der möglichen Entlastung des Antriebsrades bei der starren Drehscheibe vorkommen, daß die Reibung nicht ausreichte. Funktionssicherer war deshalb die Kraftübertragung auf einen Zahnkranz, der an der Grubenwand umlaufend fest angebracht war. Aus der Vielzahl der möglichen Antriebsformen sollen neben dem Kettenbetrieb um eine Kettenscheibe am Königsstuhl, der mit Druckwasserzylindern in Gang gesetzt wurde (1886), vor allem auf den elektrischen Antrieb mit einem 15-kW-Motor verwiesen werden, der sich bis in unsere Tage hielt. Als Not-

aggregat konnte bei Stromausfall vielerorts auf den DEMAG-Druckluftantrieb (Luft von zu drehender Lokomotive aus Bremsleitung) umgestellt werden, und die Scheiben waren wahlweise auch noch per Handkurbel zu bewegen. Beide Notantriebe wirkten auf ein Laufrad.

Die Drehscheiben vor oder im Lokomotivschuppen hatten eine Seilwinde, die im Bedienungshäuschen seitlich auf dem Hauptträger montiert war. Diese Winde diente zum Verholen kalt abgestellter Lokomotiven und hatte eine Zugkraft bis zu 82 kN.

Die Einfassungen älterer Drehscheibengruben bestanden aus Mauerwerk, das auf einem Absatz die Laufschiene trug. In einigen Fällen wurde als Einfassung auch Gußeisen oder Kesselblech verwendet. Die Fläche zwischen der Grubenumfassung und dem Königsstuhl wurde früher mit Kies bestreut oder gepflastert, manchmal auch asphaltiert. In jedem Falle wurde höchster

Wert auf sorgfältige Entwässerung gelegt. Alle neuzeitlichen Drehscheiben hatten für den Königsstuhl und den Laufkranz ein Betonfundament. Der Laufkranz war durch Holzschwellen unterstützt. Jede vierte Schwelle wurde mittels Steinschrauben im Fundament befestigt. Zuganker verhinderten das Wandern des Laufkranzes. Die Sohle der Drehscheibengrube wurde betoniert oder zumindest gepflastert. Gefälle sowohl vom Königsstuhl als auch vom Laufkranz her bewirkte eine sichere Entwässerung. Vielfach war der Entwässerungskanal zugleich Arbeitskanal für die Untersuchung der Drehscheibe.

Als bauliche Sonderform soll die Drehscheibe auf dem flachen Schotterbett erwähnt werden, die gern dann verwendet wurde, wenn die Lo-

Bild 6.12
Antrieb mittels Luftmotor.
Der Hebel rechts führt zum
Anstellventil. Lokomotivbahnhof
Neustadt/Dosse, 1983.
Foto: Koehler

Bild 6.13
Der verkleidete Luftmotor
mit dem Verbindungsschlauch
zur Lokomotive.
Foto: Koehler

komotiven nur gedreht, nicht aber auf Stände verteilt werden mußten. Sie verfügten über dreifach unterteilte Hauptträger und 16 Räder, die, jeweils zu zweit in einer Schwinge, auf einem inneren und einem äußeren Schienenkranz liefen. Die Drehscheibenverriegelung nach dem Erreichen des gewünschten Gleises erfolgte früher durch Einwurfklinken. Später kamen die beiderseitig in Scheibenmitte liegenden Riegelhebel auf, die in seitlich zwischen den Gleisenden am Grubenrand befindliche Riegeltaschen einrasten konnten, wenn sie der Scheibenwärter mittels Handhebel bewegte. Dabei wurden zugleich die beiden Kastenlaternen gestellt, die „Halt" (bei entriegelter Stellung) bzw. „Rangierhaltsignal" (bei verriegelter Stellung) zeigten. Mit Signalhorn oder durch Hand- und Pfeifsignale des Wärters wurden die Fahraufträge zum Befahren, Verlassen sowie Anhalten auf der Scheibe gegeben.

Die Schlüsselstellung einer Drehscheibe vor oder im Lokomotivschuppen forderte seit jeher ihre gewissenhafte Unterhaltung. Neben der täglichen Pflege waren in der Regel wöchentliche Überprüfungen und jährliche Wartungsarbeiten notwendig. Die Fristen für Teil- und Hauptinstandsetzungen ließen sich nach dem Beanspruchungsgrad berechnen und lagen bei zwei bis drei bzw. vier bis sechs Jahren.

6.2.   Die Schiebebühnen

Schiebebühnen dienten in oder vor großen Rechteckschuppen dem Umsetzen der Lokomotiven. Ihre Entwicklung verlief analog zu den Drehscheiben. Die preußische Staatsbahn vereinheitlichte im Jahre 1889 ihre Lokomotivschiebebühnen mit einer Fahrschienenlänge von 8 und 14 m. Drei Jahre darauf folgte die 16,15-m-Schiebebühne. Die Deutsche Reichsbahn führte die Einheitsbauarten mit 23 und 26 m Länge ein.

Jede dieser Schiebebühnen bestand aus der Plattform mit dem Fahrschienengleisstück, dem Bedienungsstand, dem Antrieb und dem Laufwerk. Die beiden Bauarten, die in Bahnbetriebswerken üblich waren, unterschieden sich augenfällig:

– versenkte Schiebebühne: tiefe Grube; Fahrschienen über Hauptlängsträgern in gleicher Höhe mit Schienenoberkante der Zufahrgleise (Länderbahn-Bauart);

– schwach versenkte Schiebebühne: flachere Grube; Fahrschienen zwischen Längsträgern in gleicher Höhe mit Schienenoberkante der Zufahrgleise; Laufschienen tiefer (Reichsbahn-Einheits-Bauart).

Die Schiebebühne stellte ein seitlich verschiebbares Gleisstück dar, das die zu bewegende Lokomotive aufnahm. Mehrere Querträger mit Laufrollen stützten die auf den mehrfach unterteilten Längsträgern verlegten Fahrschienen ab. Die Auffahrt auf die Schiebebühne erfolgte wie bei der Drehscheibe in verriegelter Stellung. Die Schiebebühne lief auf zwei, drei oder vier Laufschienen. Bei der Einheitsbühne besorgte ein 38- oder 42-kW-Drehstrommotor den Antrieb, dessen Strom über eine obenliegende Fahrleitung zugeführt wurde. Während bei den Einheitsschiebebühnen ein Handantrieb über zwei Handkurbeln von vier Mann nur noch als Notantrieb vorgesehen war, wurden die alten Schiebebühnen in der Zeit vor Einführung des Elektromotors ausschließlich per Hand bewegt.

Auch Schiebebühnen besaßen eine Winde, um kalte Lokomotiven verfahren zu können. Sie wurde mit vom Fahrmotor angetrieben.

Eine selten anzutreffende Sonderform der Schiebebühne war die „Gelenkschiebebühne", eine Kombination mit Drehscheibe. Sie wurde dort eingebaut, wo aus örtlich bedingten Gründen die Anschlußgleise zum Lokomotivschuppen o. ä. nicht parallel, sondern winklig verliefen. Die Gelenkschiebebühne lief auf zwei Schienen, hatte aber in der Mitte eine weitere Führungsschiene. An der Stelle außerhalb des Schuppens, an der die Zufahrgleise mündeten, war das Ende der Schiebebühnengrube kreisbogenförmig ausgebildet und verfügte über einen Drehlaufkranz zum Abstützen der Schiebebühne bei der Drehbewegung.

6.3.   Die Achswechseleinrichtungen

Zu den Achswechseleinrichtungen gehören Achssenken, Bockkrane und Hebeböcke. Da Bockkrane jedoch nur für das Auswechseln von Wagenachsen benutzt werden, sollen sie hier nicht behandelt werden.

Achssenken sind eisenbahntypische Hebezeuge, die das schnelle Auswechseln einzelner Radsätze nach unten aus der auf dem Gleis stehenbleibenden Lokomotive gewährleisten, ohne das ganze Fahrzeug dabei anheben zu müssen. Die

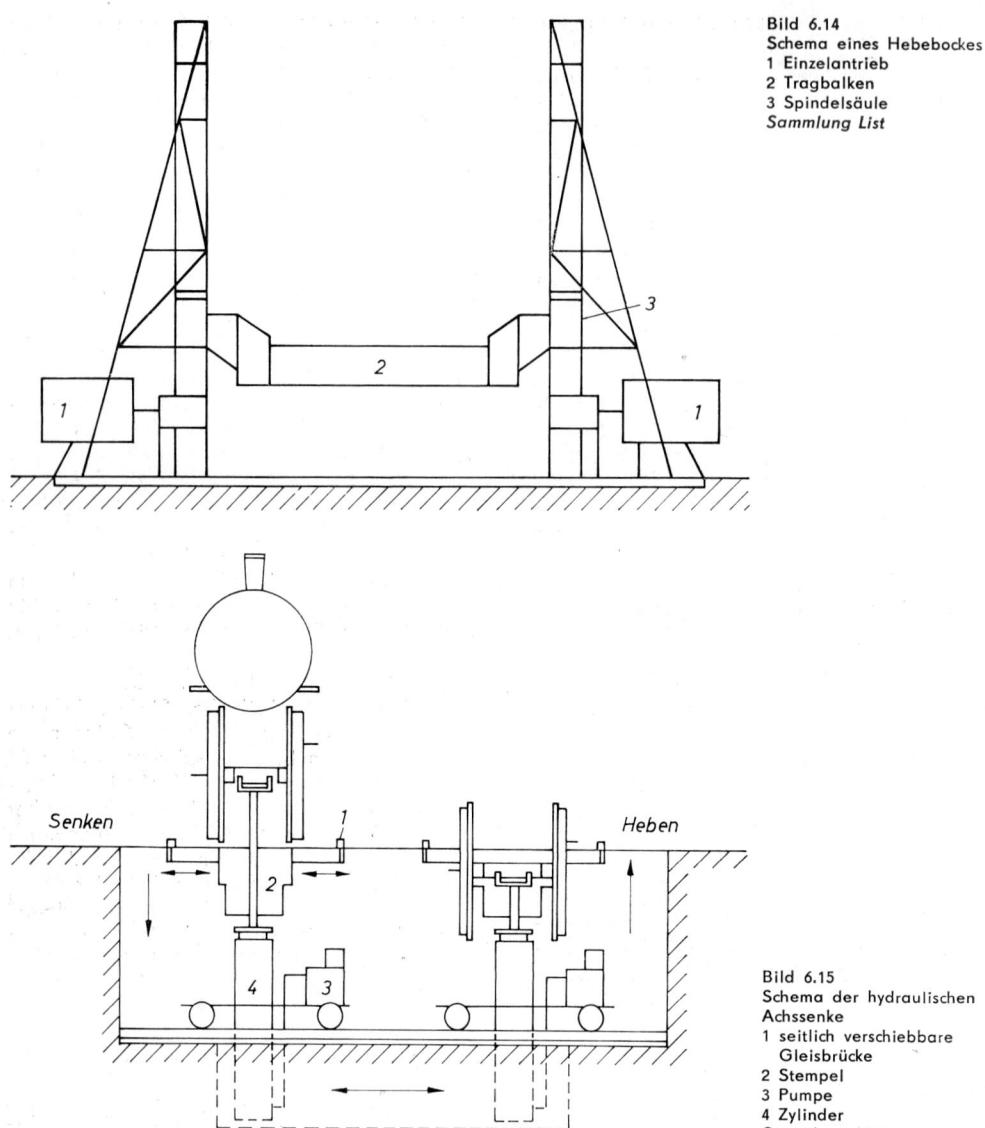

Bild 6.14
Schema eines Hebebockes
1 Einzelantrieb
2 Tragbalken
3 Spindelsäule
Sammlung List

Senken

Heben

Bild 6.15
Schema der hydraulischen
Achssenke
1 seitlich verschiebbare
  Gleisbrücke
2 Stempel
3 Pumpe
4 Zylinder
Sammlung List

Lokomotiven müssen zu diesem Zwecke auf ein bestimmtes Schuppengleis, eben die Achssenke, fahren. Im Dampflokomotivbetrieb verfügte die Achssenke über eine etwa 2,30 m lange Gleisbrücke innerhalb jeder Fahrschiene, die seitlich verschoben werden konnte, nachdem sie von der Achse entlastet wurde. Dazu hob man die Lokomotive mit Hebeböcken ein wenig an. Danach war es möglich, die ausgebaute Achse nach unten herauszunehmen und unterhalb des Schuppenfußbodens in einem quer zum Gleis verlaufenden Kanal zu einem benachbarten, ebenso ausgestatteten Stand zu verfahren, wo sie auf die gleiche Art wieder nach oben befördert wurde. Auch hier mußte man vorher selbstverständlich die Gleisbrücke beiseite schieben.

Bild 6.16
Achssenke mit hydrau-
lischem Antrieb. Bahn-
betriebswerk Wuster-
mark, 1982.
Foto: Koehler

Bild 6.17
Die Gleisbrücke ist zur
Seite gefahren, die
ausgebaute Achse wird
hochgefahren.
Foto: Koehler

Die ersten Achssenken waren mit Zahnstangenantrieb ausgestattet, deren Tragfähigkeit einem Radsatz entsprach. Diese von Muskelkraft bewegten einfachen Hebezeuge sind durch hydraulische, später durch mechanische Winden mit Schraubenspindelantrieb abgelöst worden.

Die hydraulische Achssenke wies in der ersten Bauform als Hauptbestandteil einen Druck- oder Tauchkolben auf, der in einem tief nach unten reichenden Zylinder saß. Dieser wiederum war auf dem querverschiebbaren Traggestell befestigt. Eine von Hand zu betätigende Druckpumpe preßte Wasser in den Druckzylinder, wodurch der Kolben nach oben bewegt wurde. Durch Öffnen eines Rückströmventils konnte nach erfolgter Lastaufnahme der Kolben mit der Achse abgesenkt werden. Zum Fassen der Achse trug die Kolbenstange ein Querhaupt, das die Welle des Radsatzes aufnahm.

Diese Hydraulik erforderte einen sehr tiefen, teuren und schwer trocken zu haltenden Kanal. Die Weiterentwicklung brachte den Teleskopkolben. Damit entfiel der tief unter das Fahrwerk der Achssenke reichende Schacht, denn der dreiteilige Teleskopstempel war im zusammengeschobenen Zustand so kurz, daß der Zylinder nicht mehr unter die Fahrbahn herabreichte. Die Tragkraft derartiger elektrisch angetriebener hydraulischer Achssenken betrug bis zu 30 t. Zu ihrer Bedienung waren mehrere Arbeiter erforderlich. Der Nachteil dieser Bauart lag darin, daß bei Undichtigkeiten Wasser in die Kanäle strömte und im Winter die permanente Gefahr des Einfrierens bestand. Die hydraulischen Achssenken sind mehr und mehr von mechanischen Senken abgelöst worden. Sie bestanden aus Winden mit Schraubenspindelantrieb, erforderten nur einen einfachen Kanal, waren von einer Arbeitskraft zu bedienen, arbeiteten wesentlich schneller und sauberer und waren billiger in der Herstellung, Wartung und Pflege.

Die Deutsche Reichsbahn hat im Laufe der Jahrzehnte verschiedene Bauformen eingeführt, die von der Achssenke mit zentraler Spindel über solche mit zwei bis hin zu denen mit vier Schraubenspindeln reichten. Als Sonderausführung galt die einspindelige Achssenke mit Teleskopspindel, bei der beim Heben nacheinander die äußere, mittlere und zuletzt die innere Spindel die Aufwärtsbewegung des Querhauptes übernahmen.

Zweispindelige Achssenken hatten auf dem Fahrgestell die beiden Führungsständer mit den Hubspindeln. Auf diesen beiden Spindeln waren die verschiebbaren Laufmuttern, die ihrerseits mit dem Querhaupt aus Profileisen verbunden waren. Zwei Tragklauenpaare dienten zum Fassen des Radsatzes. Damit auch gekröpfte Achsen von Drei- und Vierzylinderlokomotiven sicher gegriffen werden konnten, waren die Klauen seitenverschieblich.

Ein gemeinsamer Motor bewirkte über eine Klauenkupplung sowie ein Kegel- und Stirnradgetriebe den Hub- und Senkvorgang und die Fahrbewegung. Von den vier Laufrädern des Fahrgestells waren zwei angetrieben. Der Strom wurde per Schleifleitung oder Schleppkabel zugeführt. Es war möglich, in 30 bis 45 Minuten die von der Lokomotive getrennte Achse abzusenken, zu verschieben und wieder hochzufahren. Dann erst begann die eigentliche Reparatur der Achse.

Die Achssenke war für Raddurchmesser bis 2,10 m sowie eine Tragkraft von maximal 30 t

Bild 6.18 Die Achse ruht auf dem drehbaren Aufnahmekopf des Hydraulikstempels. *Foto: Koehler*

Bild 6.19
Vierspindelachssenke.
Bahnbetriebswerk Stendal, 1983.
Foto: Koehler

ausgelegt. Vierspindelachssenken waren sogar in der Lage, Drehgestelle aufzunehmen. Sie stellten die modernste und bis heute verbreitetste Form der Achswechseleinrichtung dar. Es ist möglich, mit ihnen auch Strömungs- und Nachschaltgetriebe von Diesellokomotiven ein- und auszubauen, Radsätze mit Achsgetrieben zu wechseln sowie Fahrmotoren elektrischer Lokomotiven zu tauschen. Der prinzipielle Aufbau vierspindeliger Achssenken ist dem der zweispindeligen ähnlich, allerdings tragen die vier Führungsständer auf dem vierrädrigen Fahrgestell die Spindeln, zwischen denen sich, von Querträgern gehalten, eine große Plattform befindet, die gehoben und gesenkt wird. Die Plattform trägt eine diagonal versteifte Gleisbrücke. Die Achssenke wird unter die verriegelte Gleisbrücke gefahren und die Plattform soweit angehoben, bis sie die Gleisbrückenriegel entlastet und der Achsfederndruck überwunden ist. Dann können die Riegel zurückgezogen und der freigelegte Radsatz herabgelassen werden. Nach Erreichen der unteren Endstellung verfährt man die Achssenke unter eine andere Grubenöffnung und rollt den schadhaften Radsatz nach dem Hochwinden auf das Gleis. Alle Achssenken hatten als Notantrieb für das Hub- und Fahrwerk einen Handkurbelantrieb.

Außer den Achssenken gab es im Bahnbetriebswerk auch Hebeböcke zum Auswechseln der Achsen. Dabei wurden der Lokomotive vorn und hinten Tragbalken untergeschoben, die an jedem Ende von einem Hebebock hochgewunden wurden. Es gehörten stets vier Hebeböcke und zwei Tragbalken zu solcher Anlage. In jedem Hebebock war eine senkrechte Gewindespindel, die die Laufmutter bewegte. Auf die Laufmutter stützte sich ein Ende des Tragbalkens ab. Die Hebeböcke bedurften lediglich eines festen Schuppenfußbodens, standen also frei zu ebener Erde. Sie wurden entweder einzeln per Hand oder auch mittels Elektromotor angetrieben. Es gab sogar Anlagen, die einen einzigen fahrbaren Elektromotor und Wellenkupplungen zu allen vier Hebeböcken hatten. Der Antriebsmechanismus war in jedem Falle insgesamt analog dem des Hubwerkes einer Spindelachssenke. Die Tragfähigkeit betrug bis zu 18 t, die Hubhöhe maximal 2 m.

6.4.   Sonstige Hebezeuge

Zu der großen Gruppe der Hebezeuge im Bahnbetriebswerk zählten außer den bereits behandelten Kranen in den Bekohlungsanlagen und den Achswechseleinrichtungen auch alle Flaschenzüge, Winden, Laufkatzen und sonstigen Krane. Ihr Einsatz erfolgte stets dann, wenn die aus- oder einzubauenden Teile bei Reparaturen oder Untersuchungen nicht mehr durch die Muskelkraft der Betriebsarbeiter bewegt werden konnten. Die Hebezeuge glichen denen in der Industrie. Eisenbahntypische Ausführungsformen kamen dann vor, wenn es sich um Hubhöhen und Tragfähigkeiten handelte, die spezifisch auf Teile und Abmessungen der Dampflokomotiven zugeschnitten waren. Dazu zählten z. B. die noch vereinzelt bis in unsere Tage anzutreffenden Krane mit geschweiftem Ausleger („Galgen"), die beim Aus- und Einbau der Pumpen und Vorwärmer benötigt wurden. Zum Verfahren kalt abgestellter Lokomotiven im Schuppen ohne Zuhilfenahme der Winde auf der Drehscheibe bediente man sich mobiler Winden. Um Schornsteine und Regler ausbauen zu können, waren Bockkrane gebräuchlich, die oft außerhalb des Schuppens in unmit-

Bild 6.20 Schuppenwinde. Bahnbetriebswerk Salzwedel, 1983.   Foto: Koehler

telbarer Nähe einer Kopf-/Seitenrampe neben der Werkstatt standen, weil mit ihnen auch Stoffwagen entladen werden konnten.

6.5.   Die Werkzeugmaschinen

Zur Unterhaltung und Pflege der Dampflokomotiven im Bahnbetriebswerk war es notwendig, nicht auf Lager befindliche kleinere Ersatzteile selbst anfertigen zu können. Sondermaschinen, die nur einem ganz bestimmten Verwendungszweck dienten, gab es selten. Es kam vielmehr darauf an, mit dem meist beschränkten Werkzeugmaschinenbestand so viele Arbeiten wie möglich erledigen zu können. Die nachfolgende Übersicht stellt den typischen Maschinenpark eines Bahnbetriebswerkes dem Verwendungszweck gegenüber.

Bild 6.22
Fast schon ausgedient:
Parallelschraubstock, Ölkanne
und Reste einer Werkbank im
Bahnbetriebswerk Wustermark,
1983.
Foto: Koehler

Spitzendreh-maschine:	Bearbeitung von Grauguß, Stahl, Rotguß, Weiß-, Leicht-metall; Drehen, Gewinde-schneiden;	Universal- oder Waagerecht-fräsmaschine:	Fräsarbeiten aller Art
Radsatzdreh-maschine:	Bearbeitung von Lauf-, Treib- und Kuppelradsätzen aller Größen bis 2,30 m Durchmes-ser;	Säulenbohr-maschine:	Bohr-, Aufreib-, Versenk- und Gewindeschneidarbeiten an großen Teilen; oftmals aus-schwenkbarer Bohrtisch, um auch große Werkstücke auf

Tischbohr-maschine:	der Fundamentplatte spannen und bearbeiten zu können; Bohr-, Versenk- und Gewindeschneidarbeiten an kleineren Teilen;
Lagerbohrwerk:	Ausdrehen der Achs- und Stangenlager;
Kurzhobler:	Bearbeitung großer, langer Flächen an kleineren Werkstücken;

Bügelsäge:	Trennen von Stangen-, Profilmaterial und Rohren;
Blechschere:	Zuschneiden von Blechen per Hand bis 8 mm Blechdicke bzw. bei elektromotorischem Antrieb bis 25 mm Blechdicke;
Lufthammer:	Schmieden schwerer Werkstücke im warmen Zustand (in Verbindung mit einem Schmiedefeuer)

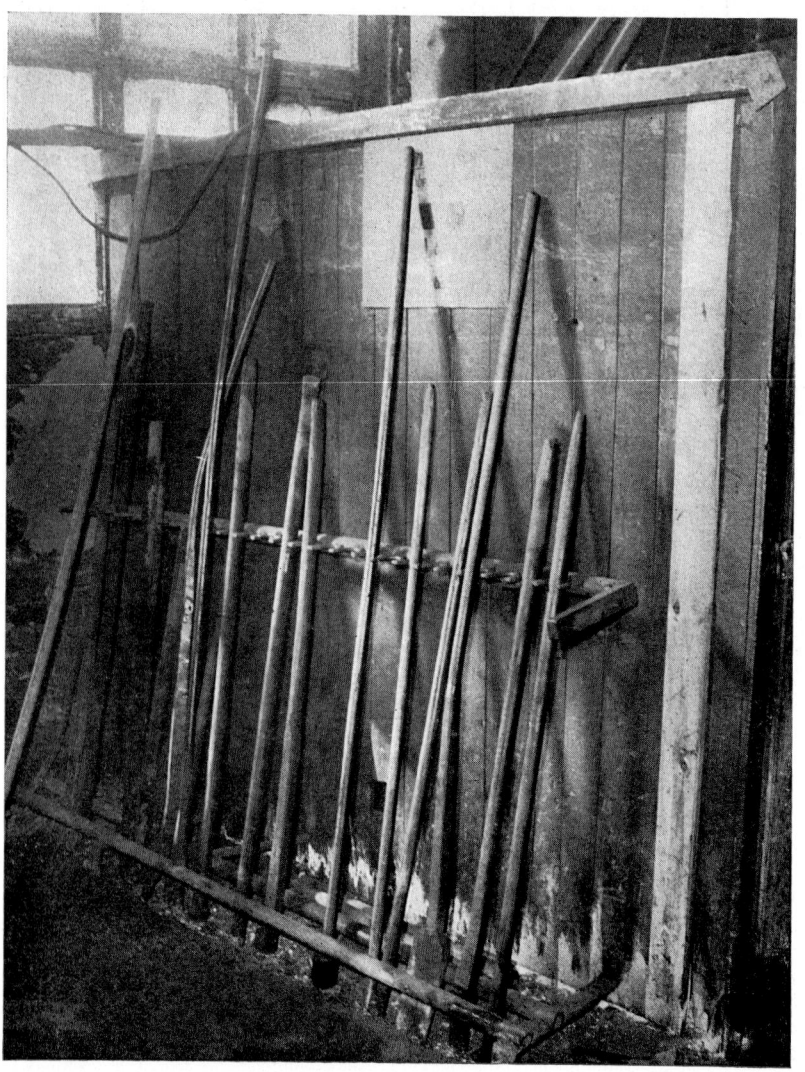

Bild 6.23
Brech- und Knipp-stangenordnung. Bahn-betriebswerk Salzwedel, 1983.
Foto: Koehler

Bild 6.24
Stangenlagerpresse.
Bahnbetriebswerk
Brandenburg, 1983.
Foto: Koehler

Bild 6.25
Hydraulikpumpe für die
Stangenlagerpresse.
Foto: Koehler

Bild 6.26
Lagerbohrwerk. Bahn-
betriebswerk Stendal,
1983.
Foto: Koehler

Bild 6.27 Ständerbohrmaschine älteren Datums. Bahnbetriebswerk Stendal, 1983.   Foto: Koehler

Bild 6.29 Schmelzofen für Lagermetall; links neben dem Ofen Lagergießkerne und Gießtiegel. Bahnbetriebswerk Stendal, 1983.   Foto: Koehler

6.6. Die Druckluftanlage

Jedes Bahnbetriebswerk besaß eine Kompressoranlage, um ständig über Druckluft für Bremsuntersuchungen, zum Ausblasen der Rauch- und Heizrohre und auch für das Betreiben von Druckluftwerkzeugen (Niethämmer, Bohrmaschinen) sowie Notantrieben verfügen zu können. Die Hauptbestandteile einer Luftverdichteranlage waren
— der Kompressor (Luftverdichter),
— der Sammelbehälter (Windkessel),
— die Druckluftleitung zwischen beiden,
— die Druckluftleitung vom Sammelbehälter zu allen Verbraucherstellen.
Der Kompressor saß mit dem Elektromotor auf einer gemeinsamen Fundamentplatte. Es gab auch Kompressoren, die von kleinen Dampfma-

schinen oder Dieselmotoren angetrieben wurden. Der Sammelbehälter befand sich meist außerhalb des Kompressorenraumes als stehender oder liegender zylindrischer Körper. Besondere Filter sicherten ab, daß nur staubfreie Luft angesaugt werden konnte. Da der Kompressor als Kolbenpumpe die Druckluft nicht gleichmäßig, sondern als rasch aufeinanderfolgende Luftstöße lieferte, diente ein Stoßwindkessel zum Ausgleichen dieser Schwingungen in der Luftleitung. Ein Sicherheitsventil verhütete das Ansteigen des Luftdruckes über die zulässige Druckgrenze. In der Regel hatte das Luftleitungsnetz einen Betriebsdruck von 0,6 MPa, und das Sicherheitsventil ließ maximal 0,65 MPa zu. An den tiefsten Stellen der Luftleitung (z. B. in Krümmern) waren Hähne zum Ablassen von Kondenswasser vorhanden.
Die großen Sammelbehälter nahmen die erzeugte Druckluft als Speicher auf. Außerdem glichen sie restlos alle Schwingungen der Luftsäule aus. Der Rauminhalt eines solchen Behälters war meist mindestens gleich der minütlichen Ansauglei-

Bild 6.31 Kompressoranlage des Bahnbetriebswerkes Stendal, 1983. Sie wird auch für Diesel- und Elektrolokomotiven benötigt. *Foto: Koehler*

Bild 6.32 Druckluftkessel älterer (liegend) und neuerer (stehend) Bauart im Bahnbetriebswerk Stendal, 1982.
Foto: Koehler

stung in m^3. Je nach Anzahl und Leistung der Kompressoren gab es Luftbehälter von 5 bis 50 m^3 Fassungsvermögen. Die Luft trat von unten in den Kessel ein und wurde weit entfernt oben entnommen, um mitgerissene Öl- und Wasserreste abzuscheiden.

Die verzinkten oder rohen schmiedeeisernen Rohre der Luftleitung verliefen zu allen Stellen, an denen Druckluft benötigt wurde. Scharfe Rohrknicke und unnötige Drosselstellen mußten vermieden werden, damit an der entferntesten Entnahmestelle nicht mehr als 0,01 MPa Druckminderung auftrat.

Eine selbständige Zweipunktregelung des Motors bewirkte sein Einschalten bei Erreichen des Behältermindestdruckes und das Ausschalten bei Höchstdruck. Auch beim Ausbleiben des Kühlwassers für den Kompressor wurde der Motor

Bw Stendal Ord.Nr. 225		
	L.Unt.	N.Unt.
Jn.Unt.	19.7.82	19.7.86
Wa.Dr.	19.7.82	19.7.90

Bild 6.33 Untersuchungsfristen am Druckluftkessel.
Foto: Koehler

durch einen Kühlwassermangelwächter abgeschaltet.

Nach etwa 2 000 Betriebsstunden, mindestens jedoch einmal im Jahr, war der Verdichter zu untersuchen, d. h. auseinanderzunehmen und zu reinigen. Der Sammelbehälter mußte monatlich auf Dichtheit geprüft werden. Regelmäßige Hauptprüfungen mit Wasserdruckproben waren gesetzlich vorgeschrieben.

6.7 Der Azetylenerzeuger

Azetylen (C_2H_2) verwendete man in den Bahnbetriebswerken zu Schweiß- und Schneidarbeiten. Man bezog es entweder in 40-l-Stahlflaschen fertig aufbereitet oder erzeugte es in eigenen Anlagen, die heute weitestgehend abgebaut sind.

Eine Azetylenerzeugeranlage bestand aus
— dem Gasentwickler,
— dem Wäscher,
— dem Gasbehälter,
— dem Reiniger und
— der Hauptwasservorlage.

Von dort aus konnte das Gas entnommen und dem Schweiß- oder Schneidbrenner zugeführt werden. Ausgangspunkt für die Gaserzeugung war Karbid, eine industriell hergestellte Verbindung von Kalk und Kohle. Kommt es mit Wasser zusammen, bilden sich Azetylengas und gelöschter Kalk (Karbidschlamm). Karbid muß stets vor Feuchtigkeit geschützt aufbewahrt werden, da es stark wasseranziehend ist und sofort zu zerfallen

Bild 6.34
Mobiler Azetylenentwickler mit Sauerstoffflasche. Bahnbetriebswerk Stendal, 1982.
Foto: Koehler

Bild 6.35
Sicher verwahrt:
Schweißgasentwickler
im Bahnbetriebswerk
Salzwedel, 1983.
Foto: Koehler

beginnt. Dabei entsteht ein hochexplosives Aze-tylen-Luft-Gemisch.

Nach der Größe der Entwickler unterschied man
— leichte frei bewegliche Montage-Entwickler mit 2 kg Karbidfüllung für Löt- und kleine Einzel-schweißarbeiten,
— fahrbare Entwickler für Betriebsräume mit 10 kg Karbidfüllung für gelegentliche Schweißarbei-ten: nur eine Füllvorrichtung, deshalb häufige Unterbrechung während des Betriebes;
— große, ortsfeste oder fahrbare Entwickler mit mehr als 10 kg Karbidfüllung für Großver-brauch; Aufstellung im Freien oder in beson-deren Entwicklerräumen.

Nach dem Gasdruck konnte man die Entwickler in Niederdruckentwickler (bis 3 kPa) und Hoch-druck-Entwickler (bis 0,15 MPa) einteilen. Hoch-druckentwickler waren dann effektiver, wenn lange Ringleitungen versorgt und spürbare Druckverluste vermieden werden mußten.

Je nach der Wirkungsweise des Zusammenfüh-rens von Karbidstücken und Wasser konnte eine Klassifizierung nach dem Einwurf-, dem Zufluß-, dem Tauch- oder dem Verdrängerverfahren vor-genommen werden. Bei vielen Verfahren regelte eine ausgeklügelte, dabei verblüffend einfache Automatik in Abhängigkeit von der Gasentnahme die Gasentwicklung.

Der Wäscher hatte die Aufgabe, das Gas zu kühlen und von Fremdstoffen (Ammoniak, Phos-phorwasserstoff, Schwefel) zu befreien, die die Güte der Schweißung beeinträchtigten. Dann ge-langte es in den Gasbehälter, das Speicherorgan. Ein nachfolgender Gasreiniger hatte mittels sei-ner Koks- oder Ziegelbruchfüllung sowie der Rei-nigungsmassen in seinem Inneren das Gas zu trocknen und von mechanischen Beimengungen zu befreien. Vor jeder Brennstelle mußte eine Wasservorlage angebracht sein, die als Explo-sionsschutz diente.

Große Entwickler standen in einem Raum von etwa 60 m³ bei 20 m² Grundfläche, von Feuer und offenem Licht 3 m, von anderen Entwicklern 6 m entfernt. Die Kalkschlammgruben mußten um-wehrt und abgedeckt sein.

6.8. Die Heizanlage

In jedem Bahnbetriebswerk gab es eine große Anzahl von Räumen, die beheizt werden muß-ten, wie Lokomotivschuppen, Werkstätten, Lager, Aufenthalts- und Büroräume. Außerdem erfor-derten die Sozialräume (Wasch-, Bade-, Um-kleide- und Übernachtungsräume) eine laufende bzw. den Witterungsumständen entsprechende

Temperierung. Beim feuerlosen Abstellen von Lokomotiven im Schuppen war ein Anschluß des Kessels an eine Dampfleitung nötig, um, unabhängig von der Jahreszeit, die Wärmeverluste während des Stillstands der Lokomotive auszugleichen. Die Betriebswerke verfügten zu diesen Zwecken über die unterschiedlichsten Heizanlagen. In den Anfangsjahren herrschte die dezentralisierte Heizanlage vor: jede wärmebedürftige Anlage besaß ihre eigene Feuerungseinrichtung. Der hohe Personalbedarf und der geringe Wirkungsgrad führten zu zentralen Heizanlagen mit einem Kesselhaus oder einer anderen stationären großen Kesselanlage (Lokomotiv-Heizkessel). Mit dem fortschreitenden Ausmustern der Dampflokomotiven sind immer häufiger nicht mehr benötigte Maschinen zu Heizzwecken herangezogen worden, während früher auch Planlokomotiven

Bild 6.37 Moderner Heizlüfter für Lokomotivschuppen. Bahnbetriebswerk Salzwedel, 1983. *Foto: Koehler*

planmäßig zum Heizdienst eingesetzt worden sind, die den Dampf über die Zugheizleitung in die Dampfheizleitung des Betriebswerkes einspeisten.

Für die Raumheizung verwendete man Dampf- und Warmwasserheizungen. Gliederkessel waren der Regelfall für derartige Heizanlagen, und eiserne Heizkörper befanden sich in den einzelnen Räumen. Warmwasserheizungen nutzten für den Wasserumlauf entweder die Schwerkraft (Gewichtsunterschied zwischen kaltem und warmem Wasser), oder es waren Pumpen für den Wasserumlauf eingeschaltet.

Kriterien für die Beurteilung einer Kesselanlage waren der Kesseldruck, die erzeugte Dampf-

Bild 6.38 Heizlokomotive im Bahnbetriebswerk Stendal, 1981. *Foto: Koehler*

Bild 6.39
Die Anlage für mobilen
Heizlokomotiveinsatz
des Bahnbetriebswerkes
Engelsdorf bei Leipzig,
1981.
Foto: Koehler

menge pro Stunde, die Größe der Heizfläche, die Heizflächenbeanspruchung (Dampfmenge pro m² Heizfläche und Stunde), die Größe der Rostflächen, die spezifische Rostbeanspruchung (verbrauchter Brennstoff in kg pro m² Rostfläche und Stunde). Dem Dampfdruck nach unterschied man Niederdruckkessel (bis 0,05 MPa), Hochdruckkessel (über 0,05 bis 4 MPa) und Höchstdruckkessel (über 4 MPa). Entsprechend ihrer Bauart gab es Großwasserraumkessel (Walzen-, Flammrohr-, Heizrohr-, kombinierte Kessel) und Wasserrohrkessel (Schrägrohr-, Steilrohr-, Strahlungskessel). Die Verfeuerung fester Brennstoffe (in der Regel Braunkohlebriketts, seltener Rohbraunkohle oder Steinkohle) erfolgte bei allen diesen Kesseln auf dem Rost. Dieser konnte ein Plan-, Schräg-, Treppen-, Mulden- oder Wanderrost sein.

Kesselanlagen waren an einen Schornstein angeschlossen, der die Verbrennungsgase ableitete und den Saugzug erzeugte. Reichte der natürliche Sog nicht aus, wurden die Rauchgase mit einem Gebläse abgesaugt und in den Schornstein gedrückt. Die Kessel mußten als gesetzlich vorgeschriebene Ausrüstung u. a. zwei unabhängig voneinander wirkende Speiseeinrichtungen, zwei Wasserstandsanzeiger (davon ein Wasserstandsglas), zwei unabhängig voneinander wirkende Sicherheitsventile, einen Druckmesser (Manometer) und ein Fabrikschild (Hersteller-Name, -ort, höchstzulässiger Betriebsdruck, laufende Fabrik-Nr., Herstellungsjahr) aufweisen. Für jeden Kessel war ein Kesselbuch anzulegen und fortlaufend zu führen. Es bestand aus dem Urkunden- und dem Untersuchungsheft. Alle zwei Jahre hatte ein Kesselprüfer die äußere und alle vier Jahre die innere Untersuchung vorzunehmen. Alle acht Jahre war eine Wasserdruckprobe zu machen. Das Bedienungspersonal mußte zum Kesselwärter qualifiziert sein.

6.9. Die elektrische Anlage

Die Bahnbetriebswerke beziehen die Elektrizität aus dem örtlichen Netz. Früher stellte die Vielzahl der Spannungen und Stromarten ein großes Hindernis für eine einheitliche Ausrüstung mit elektrischen Anlagen dar, und so waren je nach Alter, Art und Entwicklungsstand der örtlichen elektrischen Anlagen Spannungen von 15 kV, 10 kV, 6 kV, 3 kV (als Hochspannungs-Dreiphasenwechselstrom), 380/220 V als Niederspannungs-Dreiphasenwechselstrom und sogar 440/220 V Gleichstrom gebräuchlich! Jene Betriebswerke, die nur Dreiphasenwechselstrom erhielten, benötigten für das Laden der Akkumulatoren Gleichstrom, den sie mittels Transformator und Gleichrichter aus dem Wechselstrom gewannen. Der Hochspannungs-Dreiphasenwechselstrom mußte über Schalt-, Transformatoren- und Zählerstationen von den Elektrizitätswerken bzw. Überlandleitungen übernommen werden. Die Gebrauchswechselspannung betrug 380/220 V. Je nach Größe des Bahnbetriebswerkes hatten die installierten Anlagen einen verschieden großen Anschlußwert (kW) und Stromverbrauch (kWh), der für zwei Schuppen und etwa 70 Lokomotiven durchschnittlich folgende Größenordnungen erreichte: (siehe Tabelle oben rechts).

Für das Betreiben elektrischer Anlagen waren eine Anzahl gesetzlicher Vorschriften zu beach-

Verbraucher	täglicher Spitzenbedarf (kW)	Stromverbrauch pro Tag (kWh)
Wasserwerk (2 200 m³/Tag)	80	730
Wasserenthärtungsanlage	20	360
Bekohlungsanlage	36	300
Kompressor	60	720
Auswaschanlage	10	120
2 Drehscheiben á 16 kW	32	92
Werkzeugmaschinen	100	70
Beleuchtung	2	450
	340 kW	2 842 kWh

ten, um Unfällen vorzubeugen und Gefährdungen auszuschalten. Für Handlampen, die im Kessel oder in der Feuerbüchse bei Arbeiten und Untersuchungen verwendet wurden, war z. B. durch einen außerhalb des Kessels stehenden Transformator die Spannung unter 42 V herabzusetzen.

6.10. Die Güterwagenentseuchung

In manchen Orten war die der Reinigung und Entseuchung von Vieh- und sonstigen Güterwagen dienende Anlage ebenfalls dem Bahnbetriebswerk zugeordnet. Eine Entseuchungsanstalt lag meist am Rande des Bahnhofs. Sie umfaßte Gleisabschnitte für die Wagenzuführung, für die trockene und nasse Reinigung, die Entseuchung sowie für die Aufstellung der Dungwagen. Kohlewagen- und Aschewagengleise vervollständigten die Anlage, wenn ein eigenes Kesselhaus für das Aufbereiten und Erwärmen des Spritzwassers vorhanden war. Außerdem gehörten Einrichtungen für das Beseitigen des Schmutzwassers dazu.
Der Platz, auf dem die Entseuchung im Freien vorgenommen wurde, war die betonierte oder gemauerte Waschplatte. Hier mußten die verunreinigten Wagen mit Warmwasser (60 °C) sowie einer Soda- und Schwefelsäurelösung ausgespritzt werden. Reichlich bemessene Abflüsse sorgten für das Abführen des Abwassers. Das Personal konnte sich auf etwa 60 m langen Laufstegen (1 m Höhe über Schienenoberkante) bewegen, auf denen auch die Zapfstellen für die Schlauchanschlüsse (Wasserständer) angebracht waren.

7. Charakteristika der Bahnbetriebswerke in tabellarischer Übersicht

Dieses Kapitel 7 ist im strengen Sinne des Wortes gar kein Kapitel, sondern gibt eine Übersicht über charakteristische Bahnbetriebswerke vier verschiedener Größenklassen. In dieser Übersicht sind alle im Kapitel 6 beschriebenen Anlagen nebeneinandergestellt, um einen Parallelvergleich zu ermöglichen. Die angegebenen Zahlen sind Durchschnittswerte der jeweiligen Größenklasse.

Tabelle 7.1

Bezeichnung	großes Bahn- betriebswerk	mittleres Bahn- betriebswerk	kleines Bahn- betriebswerk	Lokomotivbahnhof
Flächenausdehnung	25 000 m²	15 000 m²	5 000 m²	1 000 m²
Schuppen	großer Rechteck- schuppen oder Rechteck- und Halb- rundschuppen	Rechteck- oder Halbrund-Schuppen bzw. Kreisschuppen	kleiner Rechteck- schuppen oder kleiner Halbrundschuppen	kleiner Rechteck- schuppen
Schuppenstände	70	24	10	4
davon Auswaschstände	10	4	2	1
Achssenken	4	2	1	—
beheimatete Lokomotiven	100	45	20	5
Drehscheiben	1 × 26 m 1 × 23 m	1 × 23 m 1 × 16 m	1 × 20 m	(1 × 10 m)
Schiebebühnen	1 × 23 m	1 × 23 m	—	—
Bekohlungsanlagen	Brückendrehkran mit fahrbarem Kohlebunker und 1 Greiferdrehkran oder mehrere Greiferdrehkrane sowie mehrere Säulendrehkrane	regelspuriger Greiferdrehkran und 3 Säulendreh- krane oder Breitspur- greiferdrehkran und 2 Säulendrehkrane	Sturzbühne und Drehkran oder 2 Säulendrehkrone bzw. 1 Säulen- drehkran und 1 Kohleschrägaufzug	Stürzbühne oder Säulendrehkran
Leistung pro Tag	1 200 t	400 t	150 t	80 t
Kohlebansenvolumen	10 000 t	5 000 t	2 000 t	500 t
Besandungsanlagen	2	1	1	von Hand
Leistung pro Tag	4 m³	2,5 m³	1,5 m³	0,5 m³
Ausschlackanlagen	4 Schlackenkanäle mit 2 Schlackensümpfen und 1 Greiferdreh- kran oder Schräg- aufzug	2 Schlackenkanäle mit fahrbaren Schlackekübeln und Bockkran	1 Ausschlackkanal mit fahrbaren Schlackekübeln und 1 Säulendrehkran	1 Ausschlackkanal mit 1 Säulendrehkran

Bezeichnung	großes Bahn- betriebswerk	mittleres Bahn- betriebswerk	kleines Bahn- betriebswerk	Lokomotivbahnhof
Wasserversorgung				
Wasserverbrauch				
pro Monat	40 000 m³	20 000 m³	12 000 m³	2 000 m³
Wasserbehälter-				
volumen	500 m³	300 m³	100 m³	40 m³
Pumpenleistung				
pro Stunde	200 m³	140 m³	60 m³	25 m³
Wasserkrane	10	6	4	2
Stromversorgung				
Lichtstromverbrauch				
pro Monat	10 000 kWh	5 000 kWh	2 000 kWh	300 kWh
Kraftstromverbrauch				
pro Monat	50 000 kWh	15 000 kWh	6 000 kWh	1 500 kWh
Notstromanlage	Diesel 50 kVA	Diesel 16 kVA	—	—
Dampfversorgung				
Kesselart	4 Hochdruck- wasserrohrkessel	2 Hochdruck- wasserrohrkessel	1 Flammrohrkessel	—
Leistung pro Stunde	6 000 kg	3 000 kg	1 000 kg	—
Luftversorgung				
Kompressoren	3	2	1	1
Leistung pro Minute	20 m³	10 m³	4 m³	1,5 m³
Druckluftbehälter-				
volumen	50 m³	20 m³	8 m³	5 m³
Werkzeugmaschinen				
Radsatzmaschinen	2	1	—	—
Spitzendrehmaschinen	10	5	2	1
Säulenbohrmaschinen	8	5	3	2
Tischbohrmaschinen	4	3	2	1
Hobelmaschinen	4	2	1	1
Fräsmaschinen	2	1	1	—
Sägen	2	1	1	1
Schleifmaschinen	6	4	2	1
Blechscheren	3	2	1	1
Holzbearbeitungs-	4	2	1	1
maschinen				
Schweißanlagen				
Azetylenanlage	5	3	2	1
elektrische Anlage	3	2	—	—
Schmiedeanlagen				
Lufthämmer	2	1	—	—
Schmiedefeuer	4	2	1	1
Gießofen	1	1	1	—

8. Die Lokomotive im Betriebswerk

In den vorangegangenen Kapiteln begründeten wir die Notwendigkeit, warum die Dampflokomotive so vielschichtiger und umfangreicher Anlagen zu ihrer Unterhaltung bedurfte. Es ist nunmehr möglich, sich in die Aufgaben des Lokomotivpersonals hineinzufinden und in Gedanken alle jene Handgriffe, Tätigkeiten und Arbeiten kennenzulernen, die vor und nach jeder Fahrt an der Dampflokomotive ausgeführt werden mußten. Das Wirken der Betriebsarbeiter, die immer im Schatten der Lokomotivpersonale standen, ist bereits geschildert worden. Jetzt mag uns der Leser auf unserem gedanklichen Rundgang im Bahnbetriebswerk begleiten, um in zeitlich chronologischer Reihenfolge die Auf- und Abrüstarbeiten an der Dampflokomotive mitzuerleben.

In neueren Veröffentlichungen ist viel über die Romantik des Dampflokbetriebes geschrieben worden. Sicher nicht zu Unrecht. Aber vom beizenden Qualm, vom wirbelnden Staub, vom donnernden Rütteln und Schütteln der dahinjagenden Lok, der sengenden Hitze aus dem offenen Feuerloch und zugleich dem eisigen Wind auf dem schweißnassen Rücken des Heizers sprach kaum je einer. Wer hat den schmutzigen Ausschlacker erwähnt, der gebückt im Kanal unter die Lok kroch, um die im Aschkasten gesammelte glühende Schlacke zu ziehen? Wer hat je die

Bild 8.1
Lokdienstleiter. Bahnbetriebswerk Salzwedel, 1983.
Foto: Koehler

Flüche der Lokputzer aufgeschrieben, die eine total vereiste Maschine übernehmen und blitzblank wieder abliefern mußten? Die Männer auf der Lokomotive taten Jahr für Jahr ihre Pflicht trotz dichtem Nebel, peitschendem Regen und stockdunkler Nacht. Ihre getreuen Partner im Bahnbetriebswerk standen ihnen in nichts nach. Das alles ist nun schon Historie. Doch vergessen werden soll es nicht.

8.1. Das Aufrüsten und die Fahrt zum Zuge

Wenn sich Heizer und Lokomotivführer ausgeruht im Vorraum der Lokleitung ihres Bahnbetriebswerkes zum Dienstantritt meldeten, empfingen sie Dienstauftragszettel, Vordrucke für Fahrt- und Leistungsberichte sowie die Schlüssel für die ihnen zugeteilte Lokomotive. Die Lokleitung überwachte den Dienstantritt durch den Nachweis „Bereitstellung der Lokomotiven und Personale". Danach hatte das Lokomotivpersonal die ausliegenden Befehlsbücher einzusehen, die Kenntnisnahme zu quittieren und sich anschließend über alle neuen Betriebs- und Bauanweisungen (Betra) zu informieren. Ein Verzeichnis aller Langsamfahrstellen des eigenen Direktionsbezirkes und der Nachbardirektionen wurde wöchentlich neu herausgegeben und verteilt.

Nach diesen „Schularbeiten" konnten sich „Meister und Geselle" in den Schuppen zur Lokomotive begeben. In den zurückliegenden Stunden hatte ein Schuppenheizer das Feuer soweit unterhalten, daß es flach liegend gut durchgebrannt war und im Kessel einen Mindestdruck von etwa 0,4 MPa hielt.

Erste Aufgabe des Personals nach dem Besteigen des Führerstandes war es, sich zu überzeugen, daß der Regler geschlossen, die Steuerung auf Mittellage eingestellt, die Zylinderventile und (wenn vorhanden) die Druckausgleicher geöffnet sowie die Wurfhebelbremse angezogen waren. Diese Prüfung war lebenswichtig, um bei den folgenden Arbeiten ein unbeabsichtigtes Ingangsetzen der Lokomotive auszuschließen.

Als nächster Arbeitsgang waren die Wasserstandseinrichtungen zu prüfen. Hierbei kam es darauf an die Sicherheit zu gewinnen, daß die Wasserstandsanzeige einwandfrei arbeitete und der selbsttätig wirkende Kugelverschluß beim Brechen eines Wasserstandsglases in Aktion treten würde. Der Blick in die Feuerbüchse bei geöffneter Feuertür zeigte, ob Rohrwand, Stehbolzen und Schmelzpfropfen dicht und der Feuerschirm einwandfrei waren. Danach überzeugten sich Führer und Heizer vom Vorhandensein aller Betriebsstoffe (Kohle, Wasser, Öl, Sand, Putz-

Bild 8.2
Meldung zum Dienst.
Foto: Koehler

Bild 8.3 Die Ölspritze.   *Foto: Koehler*

Bild 8.4
Abölen der großen Stangen-
lager.
Foto: Koehler

wolle), dem Zustand und der Vollzähligkeit des Sanitätskastens, des Bordwerkzeuges und der Ersatzteile für die elektrische Beleuchtung, wie Glühlampen und Sicherungen, sowie der Signal- und Zugdeckungsmittel (Schlußscheibe, rote Signalblenden, Knallkapseln). Erst wenn diese Untersuchung vollzogen war, teilten sie sich die nachfolgenden Arbeiten. Der Heizer begann, das Grundfeuer vorzubereiten. Unter Berücksichtigung der Kohlesorte, die er auf dem Tender vorfand, warf er auf die breitgezogene Glut so-

viel Brennstoff auf, daß sich die Feuerschicht stetig erhöhte. Wenn der Kohlelader erfahren war, hatte er als erstes stückige Kohle ohne „große Brocken" auf den Tender geladen, die nun auf dem Schaufelblech lag. Mehrmaliges Beschicken ergab schließlich einen Aufbau analog der Kohlenschaufelform: an den Seiten der Feuerbüchse stieg die Brennstoffschicht nach hinten zu an, an der Türwand und in den hinteren Ecken lag sie hoch, vorn an der Rohrwand dagegen flach. Das muldenförmig angelegte Feuer ließ der Hei-

zer bis zur Abfahrt des Zuges durchbrennen. Sollte der Kesseldruck zu schnell angestiegen sein, beugte er einem Abblasen der Sicherheitsventile durch Nachspeisen von Wasser vor. Dadurch hatte er zugleich den zur Abfahrt notwendigen höheren Wasserstand im Kessel.

In der Zwischenzeit inspizierte der Führer Lokomotive und Tender. Gezielt beklopfte er mit dem Handhammer Verbindungsstellen und Radreifen, um sich am Klang vom festen Sitz zu überzeugen. Die Kontrolle des Lokomotivführers durfte kein Teil auslassen: Schrauben, Muttern, Splinte, Keile, Rahmen, Stangen, Räder, Federn: alles mußte sorgfältig begutachtet werden. Dazu mußte der Lokführer auch in den Kanal hinabsteigen, um Laufwerk und Bremse von unten zu begutachten. Wenn schließlich auch die Rauchkammer und der dichte Verschluß der Rauchkammertür geprüft waren, begab sich der Lokführer auf den Führerstand. Er kontrollierte die Wirksamkeit der Speiseeinrichtungen (Kolbenspeise-, Dampfstrahlpumpe), des Sandstreuers, der Lichtmaschine sowie der Luftpumpe und prüfte die Gangbarkeit der Zylinderentwässerungsventile. Eine eingehende, gewissenhafte

Bild 8.6 Prüfen des Gelenkbolzensitzes. *Foto: Koehler*

Kontrolle der gesamten Bremseinrichtung ein-schließlich der Entwässerung aller Leitungen, der Hauptluftbehälter und einer im Stand ausgeführten Bremsprobe überzeugten ihn von der unbedingten Wirksamkeit dieser Einrichtung, hing doch von ihr Sicherheit und Leben vieler Menschen und die ordnungsgemäße Beförderung aller Güter ab. Der Heizer hatte inzwischen begonnen, die Lokomotive abzuölen. Ausgerüstet mit Ölkanne, Ölspritze und Kreuzschlüssel zum Öffnen und Schließen der Ölgefäßverschraubungen machte er die Runde. Meist brauchte er an den Stangen- und Achslagern nur Öl nachzufüllen, doch waren auch festgeklemmte Schmiernadeln gangbar zu machen oder eingedrungenes Wasser abzusaugen. Dann füllte er Öl nach in die Schmierungen der Luft- und der Kesselspeisepumpe und versorgte die zentrale Schmiervorrichtung mit

Heißdampföl. Im Winter öffnete der Heizer kurz das Absperrventil für die Zugheizung und überzeugte sich, daß die Leitungen dicht waren. Schließlich öffnete er an beiden Heizkupplungen die Absperrhähne so weit, daß ganz wenig Dampf austrat. So beugte er einem Einfrieren vor.

Damit konnte die Revision der Lokomotive abgeschlossen werden. Das Feuer war gut durchgebrannt und im Kessel ausreichend Wasser. Der Kesseldruckmesser zeigte noch keinen Spitzendruck. Der Lokführer konnte nun die Zylinder anwärmen. Dazu zog er die Bremse an, öffnete die Zylinderventile und schloß den Druckausgleicher. Mit wenig geöffnetem Regler ließ er Dampf in die Zylinder strömen. Vorsichtig legte er die Steuerung mehrmals vor und zurück. Das Kondenswasser begann abzufließen, die Zylinderwände erwärmten sich.

Das Zylinderanwärmen stellte die Grenze zwischen dem technischen und dem betrieblichen Vorbereitungsdienst dar. Die Maschinen hatten

Bild 8.8 Lokübergabestelle. Bahnbetriebswerk Salzwedel, 1983.   Foto: Koehler

126

sich entsprechend der im Dienstplan sowie in der Lokomotivfahrordnung festgelegten Zeit an der Lokübergabestelle zu melden. Dazu war die rechtzeitige Ausfahrt über Drehscheibe bzw. Schiebebühne und Ausfahrgleis beim Scheibenwärter anzumelden. Das Befahren der Drehscheibe und Schiebebühne mußte im Schrittempo erfolgen. Nach dem Halten waren Zusatz- und Handbremse anzuziehen, die Steuerung auf Mitte zu legen und der Druckausgleicher sowie die Zylinderventile zu öffnen. Beim Verlassen der Drehscheibe oder bei der Vorbeifahrt an der Lokübergabestelle mußte sich der Lokomotivführer anbieten, indem er die Triebfahrzeugnummer, die Nummer des zu fahrenden Zuges und die Uhrzeit angab. Mit Rangiergeschwindigkeit fuhr er dann gemäß der Lokomotivfahrordnung auf festgelegtem Wege zum Zuge. Auf dieser Fahrt vom Bahnbetriebswerk an den Zug hatte der Heizer den Fahrweg mit zu beobachten und sich keinesfalls mit dem Feuer oder dem Wasser zu beschäftigen.

Etwa zwei Meter vor dem Zug war anzuhalten. Das unmittelbare Heranfahren bis zum Berühren der Puffer geschah unter Aufsicht eines Rangierers oder des Heizers oder eines Zugbegleiters. Sie besorgten dann auch das Ankuppeln der Lokomotive an den Zug. In der Reihenfolge waren zu kuppeln: Schraubenkupplung (vom Wagen zur Lokomotive) — Luftleitung (vor dem Verbinden der Schläuche ausblasen) — Heizleitung (nur während der Heizzeit). Der Führer hatte sich vom ordnungsgemäßen Kuppeln persönlich zu überzeugen. Während der Heizperiode (1. September bis 31. Mai) oblag es dem Heizer, je nach Außentemperatur und Zuglänge den Heizdruck für die Dampfheizung der Reisezugwagen auf 0,4 bis 0,45 MPa einzuregeln.

Inzwischen füllte der Führer über das Führerbremsventil die Hauptluftleitung auf 0,5 MPa

Bild 8.9 Fahrt an den Zug.   Foto: Koehler

und führte anschließend mit dem Wagenmeister, dem Zugführer oder der Aufsicht je nach Notwendigkeit die volle oder die vereinfachte Bremsprobe durch. Der Heizer sorgte indessen für Kesselspitzendruck, so daß dem Abfahrauftrag nichts mehr entgegenstand. Vor mehr als einer Stunde war Dienstbeginn ...!

8.2.　Das Abrüsten

Je nachdem, ob die Lokomotive zur nächsten Fahrt wieder herzurichten oder aber abzustellen war, mußten nach Beendigung der Fahrt unterschiedliche Arbeiten vorgenommen werden. In jedem Falle aber stellte der Heizer schon während der letzten Fahrkilometer auf der Strecke die Ölkannen warm, füllte den Kessel etwa zu $2/3$ mit Wasser und ließ das Feuer soweit herun-

Bild 8.10
Dosieren des Enthärters für das Tenderwasser. Bahnhof Wittenberge, 1977.
Foto: Koehler

terbrennen, daß der Kesseldruck bei der Fahrt vom Zuge zum Betriebswerk um 0,4 MPa unter dem Höchstdruck lag. Frisch aufgeworfene Kohle auf einer Stelle des vorgereinigten Rostes ließ er langsam durchbrennen, um genügend Glut vorrätig zu haben, wenn später die Hauptreinigung des Rostes erledigt war. Bereits nach dem Abkuppeln vom Zuge hatte sich der Lokomotivführer durch Befühlen mit dem Handrücken überzeugt, ob ein Lager heißgelaufen war. Daran schloß sich die Fahrt zum Bahnbetriebswerk an. Entsprechend der Lokomotivfahrordnung und den örtlichen Verhältnissen mußten nun die einzelnen Lokomotivbehandlungsanlagen durchlaufen werden, wie es bereits im Abschnitt 3.3. beschrieben wurde. Zum Kohleladen fuhr der Führer so an die Anlage, daß entweder der Tender vom Greifer in voller Länge bestrichen werden konnte oder die Bunkertasche über der Tendermitte stand. Dann sicherte er die Lokomotive gegen unbeabsichtigtes Bewegen. Er bestellte beim Kohleloader die erforderlichen Mengen, überwachte das Bekohlen und quittierte den Empfang.

Während des Bekohlens konnte das Feuer weiter herunterbrennen. Kessel und Feuerbüchse kühl-

Bild 8.12
An der Stehkessel-rückwand warmgestellte Ölkannen.
Foto: Koehler

ten langsam ab, um die Spannungen im Kesselbaustoff, vor allem im Bereich der Feuerbüchswände, möglichst gering zu halten. Niemals durfte der Kesseldruck durch anhaltendes Speisen kalten Wassers abgesenkt werden!

Als nächster Arbeitsgang folgte das Reinigen der Rauchkammer. Die Luftpumpe wurde auf dem Ausschlackkanal grundsätzlich abgestellt, um das Ansaugen staubiger Luft zu verhindern. Aschkastenluftklappen, Bodenklappen und Feuertür wurden ebenfalls geschlossen und die Rauchkammertür geöffnet. Selbstverständlich hatte

der Heizer die Lösche in der Rauchkammer während der Fahrt des öfteren genäßt. Nun konnte sie vom Ausschlacker herausgeschaufelt werden. Dann reinigte er den Funkenfänger, überprüfte dessen Sitz und säuberte auch alle übrigen Teile in der Rauchkammer. Als letzten Arbeitsgang schloß er die Rauchkammertür sorgfältig, schlug alle Vorreiber und zog das Handrad des Zentralverschlusses fest an. Sofern im Bereich ein Wasserkran vorhanden war, hatte der Heizer gleichzeitig den Wasservorrat ergänzt. Dazu öffnete er den Deckel des Wassereinlaufes am

Tender, entriegelte den Ausleger des Wasserkranes und schwenkte ihn mit der Ausflußöffnung über den Wassereinlauf. Mehrere Umdrehungen am Handrad des Absperrschiebers gaben dem Wasser freien Lauf. Nach den Angaben des Labors und unter Berücksichtigung der Wasserhärte mußte zur Speisewasseraufbereitung „dosiert" werden. Die Chemikalienbehälter standen neben dem Wassereinlauf, und eine bestimmte Anzahl von Meßbechern war nun in den Wassereinlauf zu schütten.

Währenddessen kurbelte der Ausschlacker den Kipprost herunter und öffnete den Hilfsbläser soweit, bis keine Rauchgase mehr durch die geöffnete Feuertür heraustraten. Mit Kratze und Einzahn zog er alle nicht durchgebrannten Kohlestücke beiseite und alle Verbrennungsrückstände (Schlacke, Asche, verschlackte Teile des toten Feuerbettes) zur Mitte, um sie durch den Kipprost in den Aschkasten fallen zu lassen. Anschließend drehte er den Kipprost wieder hoch.

Sollte die Lokomotive dann kalt abgestellt werden, mußte der Ausschlacker das Feuer „langmachen", d. h. die in der Feuerbüchse verbliebene Glut auf dem Rost gleichmäßig verteilen. Durch langsames Abbrennen sanken die Temperaturen allmählich, und schädliche Spannungen wurden vermieden. Dazu mußte auch das Schlingerstück gelöst werden, um den Kessel in der Erkaltungsphase am Zusammenziehen (12 bis 15 mm!) nicht zu behindern. Sollte die Lokomotive aber betriebsfähig abgestellt werden, dann war ein Ruhefeuer anzulegen, das der Heizer mit stückigem Brennstoff oder Braunkohlebriketts beschickte, um ein schnelles Anbrennen zu erreichen. Diese frische Glut verteilte er dann entlang der Feuerbüchswände, um sie gleichmäßig warm zu halten. Um die Verbrennungsrückstände aus dem Aschkasten zu entfernen, mußten die Aschkastenbodenklappen geöffnet werden.

Lokomotiven der Anfangsjahre hatten noch keinen Kipprost. Das Entschlacken erfolgte durch die

Bild 8.14 Schrank für Kesselwasserproben. Bahnbetriebswerk Salzwedel, 1983.   *Foto: Koehler*

Bild 8.15 Entnahme der Wasserprobe.   *Foto: Koehler*

Feuertür mit speziell geformten Schaufeln in bereitstehende Auffangbehälter oder in den Schlackensumpf. Einige Bahnverwaltungen ließen zum Ausschlacken mehrere Roststäbe herausnehmen, und durch diese Öffnung stieß man die Schlacke und Asche in den Aschkasten. Beide Verfahren waren kraft- und zeitaufwendig. Die Kipproste kamen erst gegen 1910 in Deutschland zum Einsatz und wurden zunächst von außen, später im Führerhaus durch eine aufsteckbare Kurbel betätigt.

Bevor die Lokomotive die Ausschlackanlage ver-ließ, mußte der Schlammabscheider mehrere Sekunden lang betätigt, eventuell neuer Ballast für das tote Feuerbett nachgeladen werden, und außerdem hatte der Lokführer die ausgeführten Arbeiten zu quittieren. Dazu begab er sich in den Aufenthaltsraum der Ausschlacker, wo der Nachweis auslag.

Als nächstes war Sand zu nehmen. Der Heizer öffnete den Deckel des Sandkastens und legte das Teleskoprohr der Besandungsanlage ein. Mittels Handzug betätigte er den Schieber und achtete sorgfältig darauf, daß kein Sand über-

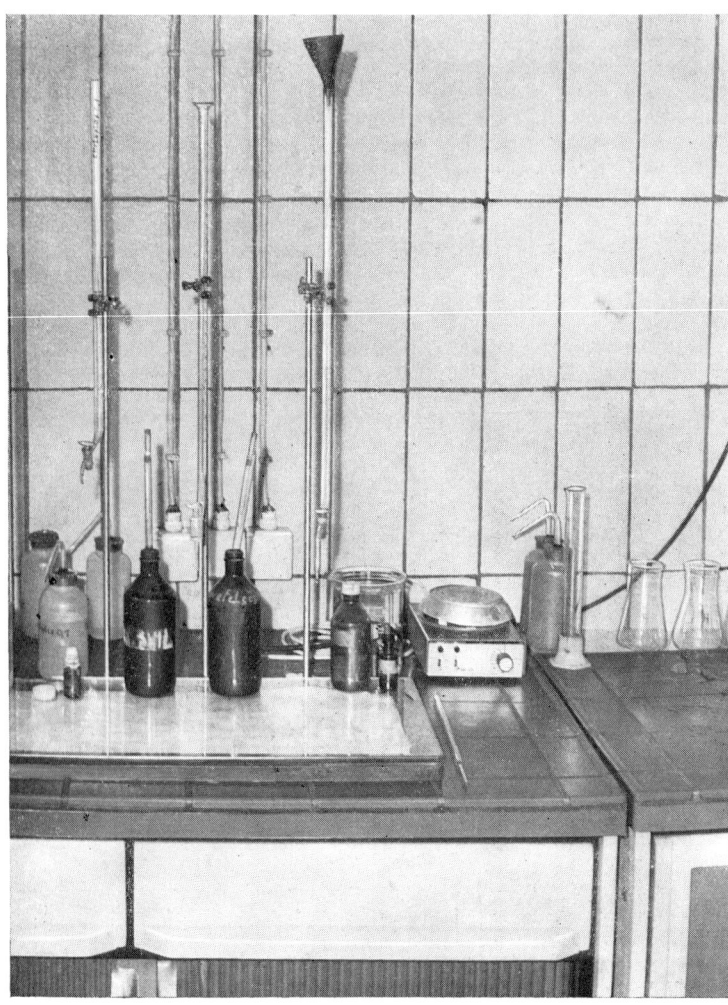

Bild 8.16
Im Labor des Bahnbetriebswerkes Stendal, 1983.
Foto: Koehler

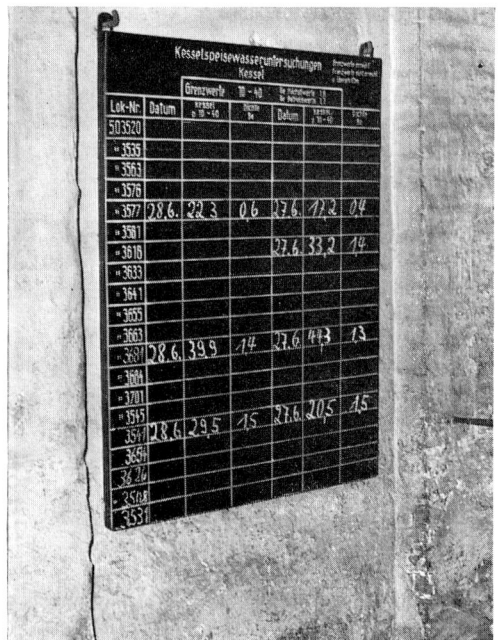

Bild 8.18 Analysenwertanzeige der Kesselspeisewasser-untersuchung aller beheimateten Lokomotiven. Bahnbetriebswerk Salzwedel, 1983. Foto: Koehler

lief, denn das konnte zu schweren Schäden an den Pumpen und an den Triebwerkslagern führen.

Mancherorts, vor allem im Wende-Bw, fuhr die Lokomotive nach dem Sandnehmen auf einen Kanal. Hier wurde sie vom Heizer abgeölt, und der Führer inspizierte sie von oben und unten. Dabei beseitigte er kleinere Schäden (Nachziehen von Schrauben und Muttern, Nachstellen der Bremse, der Stellkeile, der Stangenlager, Ersatz gebrochener Splinte usw.). Der Heizer ergänzte die Ölvorräte in der Ölausgabe, reinigte, ordnete und überprüfte die Vollzähligkeit des Werkzeuges und ging bei Bedarf dem Meister zur Hand. Waren sie mit diesen Arbeiten fertig, zeigten sie dem Drehscheibenwärter durch einen Achtungspfiff an, daß sie die Drehscheibe befahren wollten. Dieser gab nach Verriegeln der Scheibe den Fahrauftrag. Nach dem Drehen geleitete er die Lokomotive zum Abstellplatz. Sollte sie im

Freien abgestellt werden, genügte ein mündlicher Hinweis vom Scheibenwärter. Im Schuppen jedoch mußte die Lokomotive mit ihrem Schornstein genau unter dem Rauchabzug zum Stehen kommen. Danach war sie wieder gegen unbeabsichtigtes Bewegen zu sichern. Außerdem mußten die Aschkastenklappen geschlossen werden, um ein schnelles Abkühlen des Kessels zu vermeiden. Öl- und kohlenstaubgefeuerte Lokomotiven wurden fast bis zum Spitzendruck des Kessels hochgeheizt und mit hohem Wasserstand versehen. So konnten sie über mehrere Stunden ohne Betreuung stehen bleiben. Erst nach vier bis fünf Stunden mußte eine häufigere Kontrolle erfolgen. Sank der Kesseldruck bis auf 0,8 MPa, mußte erneut hochgeheizt und Wasser nachgespeist werden. Der Lokführer machte noch einmal „Schularbeiten", d. h. er füllte den Leistungsnachweis aus, trug festgestellte Mängel in das Reparaturbuch ein und benachrichtigte den Werkmeister von den durchzuführenden Arbeiten. Der Heizer schloß alle Kästen und Behältnisse am Tender ab, um Signalmittel, Werkzeuge, Ölkannen usw. vor unbefugter Benutzung zu schützen. Dann konnten beide die Maschine verlassen, in der Lokleitung Schlüssel und Lokdienstzettel abgeben und sich über den nächsten Dienst und seine Besonderheiten informieren. Erst jetzt war ihre Aufgabe erfüllt, und sie begaben sich in die Wasch- und Umkleideräume, um einer wohlverdienten Ruhe entgegenzugehen. Ein Blick auf die Uhr belegte, daß vom Abkuppeln vom Zuge bis hierher eine reichliche Stunde verstrichen war.

8.3. Das Anheizen kalter Lokomotiven und die Behandlung von Öl- und Kohlenstaublokomotiven

Sämtliche Arbeitsgänge des Lokomotivpersonals bei der Behandlung und Pflege von Kessel, Laufwerk und Dampfmaschine unterschieden sich bei den Öl- und Kohlenstaublokomotiven nicht von denen rostgefeuerter Lokomotiven. Abweichungen gab es nur beim Anheizen kalter Lokomotiven, bei der Feuerführung während der Fahrt (die hier ausgeklammert werden soll), beim Abrüsten und beim Brennstoffaufnehmen.

Das Anheizen einer kalten, rostgefeuerten Lokomotive war einfach: Der Schuppenheizer fand die Lokomotive mit einem etwa zu einem Drittel mit Wasser gefüllten Kessel vor. Ihr Schornstein

Bild 8.19
Trockenschuppen für
Anschürholz. Bahnbe-
triebswerk Salzwedel,
1983.
Foto: Koehler

Bild 8.20
Im Trockenschuppen
werden die Alt-
schwellen zum Anheizen
zerschnitten.
Foto: Koehler

Bild 8.21 Heizöltanklager aus Kesselwagen. Bahnbetriebswerk Wittenberge, 1981.   *Foto: Koehler*

stand genau unter dem Rauchabzug. Gegen unbeabsichtigtes Bewegen war sie zuverlässig gesichert. Der Schuppenheizer hatte den Kessel so
in Betrieb zu nehmen, daß der Mindestdruck von
0,4 bis 0,5 MPa zur festgelegten Zeit erreicht
war. Dabei mußte er durch behutsames, jedoch
zügiges Feuerführen das Auftreten schädlicher
Spannungen im Kesselbaustoff verhindern. Lokomotivkessel hatten die Eigenschaft, sich un-
gleichmäßig zu erwärmen: die Rohrwand an der
Feuerbüchse z. B. hatte höhere Temperaturen als
die Rauchkammerrohrwand, und das Kesselwasser im Bereich der Rauch- und Siederohre war
wärmer als das an der Kesselaußenwand. In di-
rektem Zusammenhang damit standen die Anforderungen an die Feuerführung: Gleichmäßige
und allmähliche Erwärmung, kein Zutritt kalter
Luft, etwa alle halbe Stunde sorgfältiges Beschicken der gesamten Rostfläche mit Brennstoff.
Dieser Prozeß zog sich etwa 3 bis 4 Stunden hin,
nachdem der Schuppenheizer sich entweder von

einer benachbarten Lokomotive Glut geholt oder
aber ein Holzfeuer aus Altschwellenresten o. ä.
auf dem Rost angezündet hatte.

Natürlich war das eine unwirtschaftliche Zeitspanne, die zu verringern stets versucht wurde.
So entstanden die Verfahren des feuerlosen Anheizens, deren Erprobung 1956 vom Bahnbetriebswerk Halle G erfolgreich abgeschlossen
wurde. Allen diesen Verfahren war gemeinsam,
daß sie vor dem Anfeuern zur Verkürzung des
Aufheizens Wärme von einer Heizlokomotive oder
aus einer Kesselanlage entnahmen bzw. besondere Wärmespeicher verwendeten. Durchsetzen
konnten sich aus der Vielzahl der Versuche das
Gegenstromverfahren mit Mischdüse, das Um-
wälzverfahren und das Speicherverfahren. In den
Bahnbetriebswerken hatte sich das Gegenstromverfahren mit Mischdüse am geeignetsten er-
wiesen, da es mit den vorhandenen Pumpen und
Anlagen für alle Baureihen mit den geringsten
Kosten anwendbar war. Das feuerlose Anheizen
schonte den Kessel, da das Wasser schnell, aber
gleichmäßig erwärmt und umgewälzt wurde, alle
Kesselpartien also erreicht wurden. Die Anheizzeit verringerte sich merklich und lag bei den
einzelnen Verfahren bei durchschnittlich nur noch

zwei Stunden. Undichtigkeiten an Rohren, Stehbolzen und Luken ließen sich bereits beim Kes-
selvorwärmen erkennen. Die Rauchbelästigung
im Schuppen verringerte sich.

Das feuerlose Anheizen stellte auch deshalb eine
spürbare Arbeitserleichterung dar, weil bereits
in der Phase des Wasserumwälzens und Dampf-
einblasens eine Kesselwassertemperatur von etwa
110 °C und ein Druck von 0,8 MPa erreicht wurden, ehe der Schuppenheizer anfeuern mußte.

Das Anfeuern fand gewöhnlich im Freien statt,
weil die Lokomotive mit dem so vorbereiteten
Kessel — ohne Feuer! — aus dem Schuppen fahren konnte.

Bei ölgefeuerten Lokomotiven spielte das feuerlose Anheizen eine herausragende Rolle: der
Kessel einer kalt abgestellten Öllokomotive
wurde mit diesem Verfahren auf Druck gebracht,
während man zugleich das Heizöl im Vorratsbehälter des Tenders durch das Einleiten von

Bild 8.22
Tendervorderwand einer öl-
gefeuerten Lokomotive.
Foto: Barby

Dampf aus der stationären Kesselanlage oder einer Heizlokomotive auf etwa 80 °C anwärmte. Wenn der Kessel auf 0,7 MPa hochgefahren war, konnte das Öl mittels Naßdampf in den Feuerkasten eingespritzt und mit einer Lunte gezündet werden. Von diesem Augenblick an begann die Aufheizung und Wärmespeicherung in der Ausmauerung des Feuerkastens. Der volle Betriebsdruck war durch mehrmaliges Zünden des Brenners (innerhalb von 20 Minuten ohne Lunte allein durch Entzünden der Öldämpfe an der glühenden Ausmauerung) schnell zu erreichen. Nach dem erstmaligen Benutzen der Ölbrenner war die Maschine bereits in der Lage, den Schuppen mit eigener Kraft zu verlassen.

Die großen Vorteile der Ölhauptfeuerung bestanden nicht nur in der schnellen Inbetriebnahme, sondern auch darin, daß keinerlei Verbrennungsrückstände im Feuerraum und in der Rauchkammer (Flugasche, Lösche) anfielen, die auf der Ausschlackanlage entfernt werden mußten. Selbstverständlich ging auch die Übernahme des Heizöls aus der Tankanlage verlustlos vonstatten. Das Öl wurde in den Vorratsbehältern der Bunkeranlage (meist ausgediente Kesselwagen) mittels Dampfheizung auf 70 °C bis 80 °C vorgewärmt, um es über Rohr- und Schlauchleitungen in den Tender pumpen zu können. Das

Bild 8.23
Heizöleinfüllöffnung
auf dem Tender.
Foto: Kersten

Bild 8.24
Feuertür einer öl-
gefeuerten Lokomotive.
Foto: Barby

Tankportal hatte starke Ähnlichkeit mit dem der Besandungsanlage. Der Heizer (wie auch der Anheizer) überzeugten sich vom Ölstand beim Bunkern mittels Peilstab auf dem Scheitel des Tenders und während der Fahrt mittels Pegelanzeige auf der Vorderwand des Tenders vom Führerstand aus.

Das Anheizen von Kohlenstaublokomotiven System Wendler wich von den bisher beschriebenen Verfahren ab. Selbstverständlich mußten auch hier der Kessel mit Wasser und der Tender mit Kohlenstaub gefüllt sein. Bei der Überprüfung des Tenders hatte der Anheizer darauf zu achten, daß der Mannlochdeckel, der Entlüftungshahn und der Absperrhahn am Füllrohr geschlossen waren. Dann legte er im Feuerraum ein Holzfeuer an, um die eventuell noch frische Ausmauerung (nach einer Planausbesserung) zu trocknen und das Kesselwasser leicht anzuwärmen. Für den späteren Zündvorgang brauchte er eine starke Zündflamme, die durch das gut durchgebrannte Holzfeuer gegeben war. Abweichend von der Rost- und Öllokomotive benötigte man zum Inbetriebnehmen der Kohlenstaublokomotive außerdem unbedingt eine unter Dampf stehende Anheizlokomotive, die den Dampf für den Hilfsbläser (Saugzug) sowie die Druckluft für den Staubtransport (Bunkerluft, Schiebeluft) lieferte. Ersatzweise konnte die Luft auch aus dem Druckluftnetz des Bahnbetriebswerkes entnommen werden.

Zuerst waren Hauptluftbehälter und Luftleitung der Kohlenstaublokomotive mit Druckluft zu füllen, anschließend mußte der Bunker des Tenders mit etwa 0,02 bis 0,05 MPa beaufschlagt werden. Über die Dampfheizleitung erhielt dann der Hilfsbläser Dampf, und von der Rauchkammer konnte der Unterdruck sich als Saugzug durch die Rohre, Feuerbüchse und Brenner bis zu den Tenderluftsaugerohren aufbauen. Für das Transportieren des Staub-Luft-Gemisches mußte dort eine Luftgeschwindigkeit von 20 m/s gewährleistet werden. Der Anheizer hatte nun die Verschlußklappen der Luftsaugerohre zu öffnen und einen Staubschieber vorsichtig zu bewegen. Er gab über die Luftdüsen im Bunker Schiebeluft, um den Staub in das Luftsaugerohr zu befördern. Das Staub-Luft-Gemisch mußte ohne Verpuffung zünden. Bei ausbleibender Zündung war der Staub sofort abzustellen und der in der Feuerbüchse schwebende Staub durch den Bläser abzusaugen. Ein zu geringer Unterdruck in den Luftsaugerohren bewirkte, daß sich der Staub absetzte und die Rohre verstopfte. Luftdüsen beseitigten diese Ablagerungen durch Aufwirbeln.

Der Anheizer hatte die Staub-Luft-Zufuhr so einzuregeln, daß eine vollkommene Verbrennung eintrat: die Flamme im Feuerraum mußte so hell und durchsichtig sein, daß das Mauerwerk des Feuerraumes nicht gut zu erkennen war. Dazu blickte der Anheizer durch ein Schauloch in der Feuertür. Sollte zuviel Staub gefördert worden sein, riß die Flamme ab. Das kündigte sich bereits durch Dunkelfärbung der Rauchgase an. Dann mußte sofort der Staubschieber geschlossen und die Schiebeluftdüse geöffnet werden. Die Flamme entstand dann wieder, jedoch er-

losch sie, wenn die abgelagerte Staubmenge verbrannt war. Erst jetzt durfte einer der Staubschieber wieder geöffnet werden, und das Spiel begann von vorn. Die Anheizzeit lag bei kalt abgestellter Lokomotive aus Gründen der Kesselschonung bei etwa $2^1/_2$ bis 3 Stunden bis zum Beginn der Dampfentwicklung. Die Staubschieber und damit die Brenner waren wechselseitig zu betätigen, um eine gleichmäßige Feuerraumerwärmung zu erzielen. Da die Verbrennung des Staub-Luft-Gemisches explosionsartig und mit intensiver Wärmeabstrahlung erfolgte, mußte der Anheizvorgang mit mehreren Unterbrechungen ablaufen. Unter allen Umständen war zu vermeiden, daß die Dampfentwicklung früher als eineinhalb Stunden nach dem Anbrennen einsetzte.

Die Kohlenstaublokomotive galt als selbständig betriebsfähig, wenn der Kesseldruck 0,5 bis 0,6 MPa betrug und eine der Luftpumpen angestellt werden konnte. Um beide Lokomotiven voneinander trennen zu können, mußte bei der Anheizlokomotive der Staubschieber geschlossen werden. Danach wurden die Luftsaugerohre und Gummiverbindungsrohre zwischen Lokomotive und Tender ausgeblasen und die Luftklappen geschlossen. Heiz- und Luftschläuche zwischen beiden Lokomotiven konnten nun entkuppelt werden. Die gespeicherte Wärme in der Ausmauerung des Feuerraumes reichte 10 Minuten zum Wiederzünden des Staub-Luft-Gemisches.

Wenn das Lokomotivpersonal die Kohlenstaublokomotive vom Anheizer übernahm, überzeugte sich der Heizer nach dem Anstellen der Luftpumpe zunächst, ob der Bunkerdruck ausreichend war. Dann konnte das erneute Anbrennen erfolgen, wenn die Luftklappen geöffnet, der Bläser angestellt und daran anschließend ein Staubschieber geöffnet wurde. War die Glut im Feuerraum nicht ausreichend, mußte zum Zünden eine brennende Lunte durch das Schauloch in den Feuerraum gehängt werden. Der Heizer brachte durch wechselseitiges Öffnen der Staubschieber den Kessel auf Spitzendruck. Hernach konnte bis zur Ausfahrt aus dem Schuppen die Feuerung wieder abgestellt werden. Der Heizer regelte das An- und Abstellen so, daß er zur Abfahrt des Zuges eine gut durchgewärmte Feuerbüchse und Ausmauerung hatte.

Kurz vor Beendigung jeder Fahrt wurde die Feuerung abgestellt, danach wurden auf dem Ausschlack-Kanal mittels eines Blasrohres die Rohrwand, die Feuerbüchsseitenwände und der

Feuerschirm durch das Schauloch der Feuertür gereinigt. Der Kessel sollte Spitzendruck haben und etwa zu $^2/_3$ mit Wasser gefüllt sein. Das Ausschlacken entfiel, jedoch mußte der Feuerraum nach Ausblasen der Luftsauge- und Gummiverbindungsrohre sowie nach dem Abstellen der Luftpumpen und des Bläsers mittels Kratze von Flugasche gereinigt werden. Der Aschkasten konnte noch Reste unverbrannten Kohlenstaubes enthalten; diese Rückstände waren mit dem Blasrohr aufzuwirbeln und zu entzünden. Nach dem Erlöschen der Flamme durften die Reinigungsklappen des Aschkastens vorsichtig geöffnet werden. Die Verbrennungsrückstände fielen in den Schlackensumpf. Die gleiche Vorsicht hatte beim Reinigen der Rauchkammer zu walten. Staubrückstände konnten auch hier noch zu Entzündungen mit heftiger Stichflammenbildung führen, vor allem beim Umgang mit offenem Feuer oder beim Rauchen.

Das Bunkern des Kohlenstaubes konnte aus stationären Anlagen oder Staubwagen erfolgen. Vorher war der Kessel wieder auf normalen Druck aufzuheizen und der Wasserstand auf $^2/_3$ des Kesselvolumens zu bringen. Dann mußten

die Feuerung abgestellt, Feuertür, Schauloch und Luftklappen geschlossen, sowie Luftsaugerohre und Gummiverbindungsrohre ausgeblasen werden. Die Luftpumpe war abzustellen. Daran schloß sich das Entlüften des Kohlenstaubbehälters auf dem Tender an, wozu der Entlüftungshahn zu öffnen war. Der Füllvorgang konnte begonnen werden, nachdem der Bunker mit dem mittleren Füllstutzen durch eine Schlauchleitung gekuppelt war. Der hintere Füllstutzen war zu öffnen und mit einem Filterrohr zu versehen. Im Hochbehälter durfte höchstens ein Druck von 0,2 MPa herrschen. Der Staub wurde nun durch den Bunkerüberdruck in den Tender befördert. Wenn sich Staubfahnen an dem Filterrohr und am Entlüftungshahn zeigten, mußte der Füllvorgang unterbrochen werden. Nach dem Beruhigen des Staubes im Tender konnte nach etwa 10 Minuten fortgefahren werden. Das Füllen wurde mit dem Ausblasen der Füllleitung beendet. Nach dem Entfernen des Staubes mit Luft,

Bild 8.27 Lokpflege. Bahnbetriebswerk Wustermark, 1983.
Foto: Koehler

besser mit Wasser — nachdem zuvor Schlauch und Füllrohr abgenommen und Füllstutzen sowie Entlüftungshahn geschlossen worden waren —, war der Tender äußerlich gereinigt.

Ähnlich verlief das Staubladen aus Behälterwagen, was sogar aus einem hinter der Lokomotive im Zuge fahrenden Staubwagen bei Unterwegsaufenthalten möglich und auch üblich war. Im wesentlichen bestand der Unterschied darin, daß die Lokomotive selbst die Druckluft für den Behälterwagen lieferte und der Staub durch eine an der Lokomotive fest angebrachte Fülleitung — wieder über einen Kupplungsschlauch vom Behälterwagen aus — in den Tender gelangte.

Bild 8.28 Abspritzen nach dem Restaurieren. Lokomotivbahnhof Rathenow, 1982.   *Foto: Koehler*

8.4.   Reinigungs- und Pflegearbeiten

Mit leichtem Erstaunen lesen wir heute die Fragen und Antworten zur Lokführerprüfung um die Jahrhundertwende, wo es um das Thema „Lokreinigung" geht:

„Wer bewirkte die Reinigung der Lokomotive?"

„Die Putzer. Führer und Heizer haben diese jedoch zu beaufsichtigen und anzuleiten."

„Wie wird die Lokomotive gereinigt?"

„Die ärgsten Unreinigkeiten an Rädern, Achsen, Rahmen, Stopfbuchsen usw. werden mit dem Putzmesser fortgenommen. Die so gereinigten Teile werden mit Putzwolle, die mit Terpentin oder Benzin (gemischt mit Rüböl) getränkt ist, abgerieben. Die Kesselbekleidung wird trocken oder mit Seifenwasser abgerieben, dann mit etwas Öl befeuchtet und trocken abgerieben. Steuerungsteile, Kurbel- und Kuppelstangen, Gleitbahnen und die übrigen blanken Teile werden, wenn sie von Rost angegriffen sind, mit

Schmirgelpapier abgerieben und alsdann eingefettet. Die Stopfbuchsen müssen behufs sorgfältiger Reinigung vom Heizer abgenommen werden; ebenso hat derselbe die Reinigung der Apparate auf dem Führerstand auszuführen." (nach Tesch/Holzbecher)

In kurzgefaßter Form finden wir hier eine Anzahl wertvoller Informationen wieder, die uns einen Einblick in die mühevolle Arbeit der Lokomotivputzer geben. Indes war das äußerliche Reinigen nicht nur aus Gründen der Verkehrswerbung nötig. Zu allen Zeiten kam es darauf an, Schmutzverkrustungen zu beseitigen, damit der Lokführer bei der täglichen Untersuchung Haarrisse, Anrisse, Anbrüche oder Brüche sofort erkennen konnte. Eine sorgfältige Reinigung beugte also schweren Betriebsstörungen vor!

Bei der Deutschen Reichsbahn teilte man die Reinigungsarbeiten in drei Kategorien ein: Wischung, Teil- und Vollreinigung. Die Wischung sollte, abhängig vom Grad der Verschmutzung, nach jeder größeren Leistung erfolgen. Dazu benötigte man lediglich Putzwolle, mit der Treib- und Kuppelstangen sowie Steuerungsteile trocken abgewischt wurden. Bei der Teilreinigung wurden — ebenfalls mit Putzwolle — der gesamte Kessel, das Führerhaus und der Tender trocken abgerieben. Das Fahrgestell von Lok und Tender sowie die Dampfmaschinenanlage sollten zumindest

trocken abgerieben, besser aber anschließend mit Öl eingenebelt und mit Putzwolle nachgerieben werden. Die Vollreinigung begann damit, daß das Laufwerk von Lokomotive und Tender, die Pumpen sowie die Dampfmaschine zunächst mit heißem Wasser gründlich abzuspritzen waren. Dann folgte das Staubabwischen vom Kessel und von der Rauchkammer mit trockener Putzwolle. Anschließend mußte ein Putzwollebausch in eine Mischung von einem Teil Heißdampföl und zehn Teilen heißem Wasser getaucht werden, der dann gründlich durchgeknetet wurde. Mit diesem so präparierten Bausch rieb man Kessel und Rauchkammer ab. Anschließend mußte Öl als feiner Nebel aufgetragen und bis zum Trocknen verrieben werden. Genauso waren die Flächen des Führerhauses und Tenders zu behandeln. Um der Lokomotive ein einheitliches glänzendes Aussehen zu geben, nebelte man zum Schluß auch das Fahrwerk von Lokomotive und Tender mit Öl ein und rieb es mit Putzwolle trocken. Der Putzer hatte darauf zu achten, daß sich bei diesen Arbeiten mit heißem Wasser niemand unter oder in unmittelbarer Nähe der Lokomotive aufhielt. Bei der Anwendung tragbarer Ölzerstäuber mußte er eine Gesichtsmaske tragen.

Die Vollreinigung fand zumeist am Planausbesserungstage statt. Teilreinigungen mußten mehr-

Bild 8.30
Auswaschlokomotive mit geöffneter Rauchkammertür und ausgebautem Funkenfänger. Bahnbetriebswerk Güsten, 1981.
Foto: Koehler

mals zwischen zwei Vollreinigungen vorgenommen werden. Dafür war der Verschmutzungsgrad der Lokomotive in Abhängigkeit von ihrer Beanspruchung ausschlaggebend.

Der Vollständigkeit halber soll noch auf die etwa alle drei Monate fällig gewesene Innenreinigung der Tender und Wasserkästen eingegangen werden. Das Versagen der Speiseeinrichtungen wegen zugesetzter Siebe oder Wassereinlaufrohre, wegen schadhafter Tenderabsperrventile oder auch das falsche Anzeigen des Wasserstandes im Tender führten zu empfindlichen Betriebsstörungen. Diese Schäden waren nur zu vermeiden, wenn alle Wasserbehälter regelmäßig ausge-

Bild 8.33 Nach dem Auswaschen: Ausleuchten des Stehkessels mit der brennenden Lunte. Bahnbetriebswerk Brandenburg, 1983. *Foto: Koehler*

waschen sowie Anrostungen, Verstopfungen, Anbrüche und mangelhafte Versplintungen besei-
tigt wurden. Zugleich mußte die Wasserstandsanzeige mit Schwimmereinrichtung geprüft und
notfalls wiederhergestellt werden.

Mit auslaufendem Dampflokomotivbetrieb ist
das Reinigen der Lokomotiven während der letzten Jahre mehr und mehr Aufgabe der Personale
geworden. Ein auf die Führerhausseitenwand ge-
malter roter Wimpel mit der Aufschrift „In per-
sönlicher Pflege" zeugt bei der Deutschen Reichs-

bahn davon in den fünfziger Jahren. Viele Bahnbetriebswerke waren bekannt für ihre gepflegten
Lokomotiven.

8.5.   Das Auswaschen

Das Auswaschen des Lokomotivkessels war abgestimmt mit dem Lokomotiveinsatzplan und den
Planausbesserungstagen. Die Hauptarbeitsgänge
des Auswaschens umfaßten das Dampfablassen,

Bild 8.34
Ausspiegeln des Stehkessels.
Bahnbetriebswerk Branden-
burg, 1983.
Foto: Koehler

Bild 8.35
Durch die geöffnete
Waschluke wird der
Spiegel in das
Kesselinnere geführt.
Foto: Koehler

das Abkühlen des Kessels, das Wasserablassen, das Ausspritzen und Reinigen des Kessels, das Füllen und das Anheizen zur erneuten Inbetriebnahme der Lokomotive. Als Auswaschverfahren kamen das Heißauswaschen (Ausspritzen mit Warmwasser von 50 °C bis 65 °C) oder das Kaltauswaschen (Ausspritzen mit Kaltwasser) infrage.

Wenn das Abkühlen des Kessels bis auf die Temperatur des Spritzwassers nicht selbsttätig, sondern zwangsweise durch Umwälzen beeinflußt erfolgte, dann sprach man vom Umwälz-Austausch-Verfahren. Diese Methode war eingeführt worden, um die Standzeiten der Lokomotive zu verkürzen. Normalerweise mußten über 12 Stunden zur Abkühlung der Kesselwandungen auf etwa 60 °C vom Beginn des Ablassens des Kesselwassers bis zum niedrigsten Wasserstand vergehen. Umgekehrt als beim feuerlosen Anheizen (schnelle, gleichmäßige Erwärmung des Kessels) kam es also auf ein schnelles, gleichmäßiges Abkühlen des gesamten Kessels an.
Beim normalen Auswaschen war die Lokomotive mit nicht mehr als 0,6 MPa Kesseldruck und mindestens $^2/_3$ Wasserstand im Kessel auf dem Auswaschstand abzustellen. Bei kupferner Feuerbüchse wurde das Feuer sofort entfernt. Bei Stahlfeuerbüchse oder -vorschuhen mußte das

Feuer, auf dem Rost breitgezogen, langsam abbrennen, um eine behutsame Abkühlung zu gewährleisten. Rauchkammertür, Aschkastenklappen und Feuertür mußten geschlossen bleiben. Auch der Schornstein der Lokomotive war abzudecken. Das langsame Auskühlen vermied Spannungen im Kesselbaustoff. Selbst die Umgebungstemperatur auf dem Auswaschstand sollte nie unter 13 °C liegen, und Zugluft mußte generell vermieden werden. Der Kesseldruck war durch gleichmäßiges Dampfablassen innerhalb von zwei Stunden (bei Kupferfeuerbüchsen) bzw. drei Stunden (bei Stahlfeuerbüchsen) auf 0,01 MPa abzusenken. Der Dampf diente zum Vorwärmen des Füllwassers und wurde in die entsprechenden Vorratsbehälter geleitet.
Bei Erreichen des vorgenannten Druckes konnte der Schlammabscheider oder Füllstutzen an der Stehkesselvorderwand geöffnet werden: das Kesselwasser gelangte über einen stationären Schlammabscheider in den Spritzwasserbehälter. Beim Erreichen des niedrigsten Wasserstandes wurde das Ablassen unterbrochen, um die allmähliche Abkühlung des Kessels fortzusetzen: die Temperatur mußte weiter bis auf 60 °C sinken; zur Beschleunigung durften die Auswaschluken geöffnet werden. Erst nach 12 Stunden konnte das restliche Wasser langsam abgelassen wer-

den, was wiederum zwei bis drei Stunden in Anspruch nahm. Dann begann das Auswaschen. Dazu waren sämtliche Auswaschluken und Reinigungsdeckel zu öffnen. Der Kessel wurde mit dem im Spritzwasserbehälter aufgefangenen Wasser (etwa 50 °C) mit 0,6 MPa Druck ausgespritzt. Kesselstein und Schlamm zwischen Stehbolzen, Rauch- und Heizrohren lösten sich durch den Aufprall des scharfen Wasserstrahls. Feste Ansätze von Kesselstein ließen sich — allerdings recht mühsam und kräftezehrend — mit Stahldrähten oder Kanalmeißeln abstoßen. Die Stücke mußten herausgezogen werden. Die Temperaturabweichungen zwischen Spritzwasser und Kessel durften nicht mehr als 10 °C betragen, sonst kam es bereits zu schädlichen Spannungen.

Nach dem Auswaschen des Kessels mußte der drucklose Zustand benutzt werden, um eventuell nötige Ausbesserungen sofort auszuführen. Dazu zählten das Einschleifen und Einfetten aller Hähne und Ventile, das Verpacken der Stopfbüchsen, das Untersuchen der Abschlammeinrich-

tungen, der Wasserstandsanzeiger u. ä. Die Feuerbüchse mußte in allen Einzelheiten untersucht werden. Rohre, Feuerschirm, Aschkasten, Funkenfänger und Rauchkammer waren zu reinigen und instandzusetzen. Dann erfolgte die gründliche Abnahme des gereinigten Kessels durch den Werkmeister des Bahnbetriebswerkes. Der benutzte dazu einen Winkelspiegel und zum Ausleuchten eine lange Lunte aus Draht mit einem ölgetränkten Putzwollebausch bzw. in neuerer Zeit eine Lampe. Danach konnte der Kessel verschlossen und mit Wasser gefüllt werden. Dazu nutzte man das vorgewärmte Frischwasser aus dem Füllwasserbehälter, das eine gleiche Temperatur wie der Kessel haben mußte.

Nachdem der Kessel auf die Hälfte des Wasserstandsglases gefüllt war, erfolgte eine Dichtheits-

Bild 8.36 Verschließen der Waschluke an der Rauchkammerrohrwand. Bahnbetriebswerk Brandenburg, 1983.
Foto: Koehler

probe aller Abschlammvorrichtungen und Wasserstände. Die ordnungsgemäße Ausführung aller Arbeiten am Kessel und die erfolgte Kontrolle mußten im Fristennachweis der Lokomotive vermerkt werden. Die weiteren Arbeiten während der Anheizzeit erstreckten sich auf das Nachziehen aller Verschlüsse, Dichtungen, Luken und Deckel sowie das Prüfen beider Wasserstandsanzeiger.

Abweichend vom „normalen Auswaschen" war zu verfahren, wenn keine Auswaschanlage vorhanden war. Dann diente als besondere Auswaschlokomotive als Spritzwasserspender. Das Spritzwasser wurde über den Feuerlöschstutzen mit der Dampfstrahlpumpe entnommen.

Nur in begründeten und von der Direktion zu genehmigenden Ausnahmen ließ die Deutsche Reichsbahn beim Fehlen sogar der Auswaschlokomotive das „kalte Auswaschen" zu. Bis zum Ablassen des Kesselwassers unterschieden sich die vorbereitenden Arbeiten nicht. Das Kesselwasser mußte erst auf 20 bis 25 °C abgekühlt sein, bevor es restlos abgelassen werden durfte. Das dauerte bei kupfernen Feuerbüchsen drei und bei Stahlfeuerbüchsen vier Stunden. Nach dem Öffnen aller Auswaschluken und Reinigungsdeckel mußten weitere zwei bis drei Stunden vergehen, um den Kessel vollständig abzukühlen. Nach dem Anpassen der Kessel- an die Raumtemperatur erfolgte auch hier das Ausspritzen mit einer Wassertemperaturdifferenz zum Kessel von maximal 10 °C, das Füllwasser hatte 10° bis 15 °C zu haben. Der Anheizvorgang zog sich entsprechend länger hin. Als Regel galt, einen Kessel mit Kupferfeuerbüchse innerhalb von drei Stunden auf einen Druck von 0,1 MPa zu bringen, bei Stahlfeuerbüchsen brauchte man sogar vier Stunden.

Um die langen Auswaschzeiten zu verkürzen, versuchte man Lösungen zu finden, die bei größtmöglicher Schonung des Kesselbaustoffes eine schnellere Temperatursenkung ermöglichten. Hier soll das Umwälzaustauschverfahren als Analogie zum feuerlosen Anheizen erwähnt werden: Vom Umwälzaustauschverfahren gab es mehrere Methoden. Das Senftenberger System der Deutschen Reichsbahn z. B. arbeitete mit doppeltem Ablauf des Kesselwassers. Durch Zumischen von Spritz- bzw. Kaltwasser im ständigen Umlauf erreichte man bei einem Kessel der Baureihe 52 einen Wälzvorgang einschließlich nachfolgendem Ablassen des Wassers von 2½ bis 3 Stunden. Beim Umwälzabkühlen unter Benutzung des Ten-

ders wiederum konnten zuerst mit eigenem Dampf-Wasser-Gemisch Laufwerk und Rahmen abgespritzt werden (über Spritzschlauch am Feuerlöschstutzen und Speisung von der Dampfstrahlpumpe aus). Dann wurde der Dampf in den Tender abgelassen, wozu die Heizleitung am Tender und ein in den Tender eingehängtes Düsenrohr dienten. Das im Tender vorgewärmte Wasser brauchte man sofort wieder zum Auffüllen des Kessels, das ihm über eine Pumpe und den Feuerlöschstutzen zugeführt wurde. Damit war der Kreislauf für das Umwälzen geschlossen. Zum Temperaturabsenken benutzte man zugemischtes Kaltwasser. Große Mengen des Tenderwassers konnten als Spritzwasser, der Rest als Füllwasser verwendet werden.

8.6. Die Fristarbeiten

Für die Untersuchungen und Ausbesserungen der Dampflokomotiven ordnete man bei der Deutschen Reichsbahn alle anfallenden Schäden fest umrissenen Schadgruppen zu: Sie sind in der Tabelle 8.1 zusammengefaßt. Wenn in Ausnahmefällen ein Bahnbetriebswerk über alle notwendigen Einrichtungen und Fachkräfte verfügte, konnte eine L 2 auch dort ausgeführt werden. Bei der Deutschen Bundesbahn hatte das Untersuchungsschema den gleichen prinzipiellen Aufbau.

Die Lebensdauer von Dampflokomotiven war in Erhaltungsabschnitte eingeteilt. Nachdem eine neugebaute Lokomotive spätestens nach neun Jahren die erste L 4 bekam, rechnete solch ein Hauptuntersuchungsabschnitt in der Folge sechs Jahre vom Tag der Übergabe an den Betrieb bis zum gleichen Tage nach der nächstfolgenden L 4, weil in der Regel zur L 3 auch eine Wasserdruckprobe bei völlig entkleidetem Kessel durchgeführt wurde, die die Frist bis zur nächsten Hauptuntersuchung um ein Jahr (d. h. von zwei auf drei Jahre) verlängerte.

Jedes Bahnbetriebswerk hatte die Aufgabe, die Lokomotiven im Zeitraum zwischen den Untersuchungen betriebstüchtig zu erhalten und wirtschaftlich auszunutzen. Die Maschinen sollten möglichst wenig durch Kleinausbesserungen ausfallen. Zu diesem Zweck unterzog man jede Lokomotive nach einem festgelegten Ablaufplan einer Reihe von Untersuchungen und Prüfungen, die in der Dienstvorschrift 947 „Behandlung und Unterhaltung der Dampflokomotiven und

Bild 8.37 Lokomotivschlosser. Bahnbetriebswerk Brandenburg, 1983.   *Foto: Koehler*

Bild 8.38
Feuerschirmsteine und
Funkenschutzsiebe.
Foto: Koehler

Tabelle 8.1 Die ehemaligen Instandsetzungszyklen an Dampflokomotiven

Instand-setzungsart	Schad-gruppe	Instandsetzungs-werkstatt	Anlaß, Schadumfang, Arbeitsumfang
Bedarfs-ausbesserung	L 0	Bahnbetriebswerk oder Ausbesserungs-werk	bei plötzlichen größeren Schäden (z. B. Risse in der Feuerbüchse und im Kessel; Stangen-, Kreuzkopf-, Rahmenbrüche) oder nach Entgleisungen oder Zusammenstößen; nicht planbar;
Betriebs-ausbesserung	L 1	Bahnbetriebswerk	Beseitigung kleiner Mängel und leicht zu behebender Schäden, planmäßig vorgesehene Prüfungen und Untersuchungen (Frist-arbeiten) ;
Zwischenaus-besserung	L 2	Ausbesserungswerk	abhängig von der Laufleistung und Anstrengung der Lok; Behebung aller vom Betrieb gemeldeten Schäden; außerdem Räderdrehen, Rohrewechseln, Aufarbeiten der Achs- und Stangenlager; Lok wird nur dem gemeldeten Schadumfang entsprechend auseinandergenommen; Beseitigung aller Schäden betriebsgefährdender Art; planmäßig vorgesehen zwischen L 3 und L 4 sowie L 4 und L 3
Zwischen-untersuchung	L 3	Ausbesserungswerk	zu gesetzlich festgelegten Fristen (L 3 alle 3 Jahre, L 4 alle 5 Jahre) ;
Hauptunter-suchung	L 4		Ausbau, Prüfung und Vermessung aller Teile; Erneuerung aller Rauch- und Heizrohre, Wasserdruckprobe; Wiederherstellung aller Urmaße; Leer- und Lastprobefahrt, Indizieren der Zylinder.

Tender im Betrieb" festgelegt waren und im „Nachweis der Fristarbeiten" eingetragen werden mußten. Bei einer Untersuchung mußte das Bauteil auseinandergenommen, bei einer Prüfung dagegen nur das einwandfreie Funktionieren festgestellt werden.

Bis 1945 war der Auswaschtag der festgeschriebene Zeitpunkt für alle Unterhaltungs- und Instandsetzungsarbeiten. Diese Fristarbeiten verlängerten die Auswaschzeit oftmals auf zwei bis drei Tage. Bedingt durch den Lokomotivmangel und den angegriffenen Zustand der Triebfahrzeuge durch die Kriegs- und ersten Nachkriegsjahre führte die Deutsche Reichsbahn zur Kürzung der Stillstandzeiten um 1950 die „Groß- und Kleinauswaschung" ein. Bei der Kleinauswaschung fand lediglich das eigentliche Auswaschen statt, alles andere wurde bis zur nächsten Großauswaschung zurückgestellt. In der Folge häuften sich die Frist- und Ausbesserungsarbeiten. Der Unterhaltungszustand der Lokomotiven litt, da zwischen zwei Großauswaschungen mehrere Kleinauswaschungen notwendig waren. Unter diesen Umständen stellten die Bahnbetriebswerke meist nur Auswaschpläne für einen Monat auf. Täglich mußte entsprechend dem jeweiligen Arbeitsprogramm eine Neuverteilung der Arbeitskräfte und -mittel vorgenommen werden.

Abhilfe schuf das „Bataisk-Reichenbacher Verfahren", eine sowjetische Methode, die im Bahn-

Bild 8.39
Abgenommener Dampfdomdeckel mit Druckring.
Foto: Koehler

Bild 8.40
Blick in das Kesselinnere durch den geöffneten Dom: zu erkennen sind die Rauch- und Heizrohre, der Regler und das Reglergestänge (Seitenzugausführung) sowie das Reglerrohr.
Foto: Koehler

Bild 8.41
Funkenfängerreparatur.
Bahnbetriebswerk
Brandenburg, 1983.
Foto: Koehler

Bild 8.42
Ausdrehen des großen
Kuppelstangenlagers.
Bahnbetriebswerk
Brandenburg, 1983.
Foto: Koehler

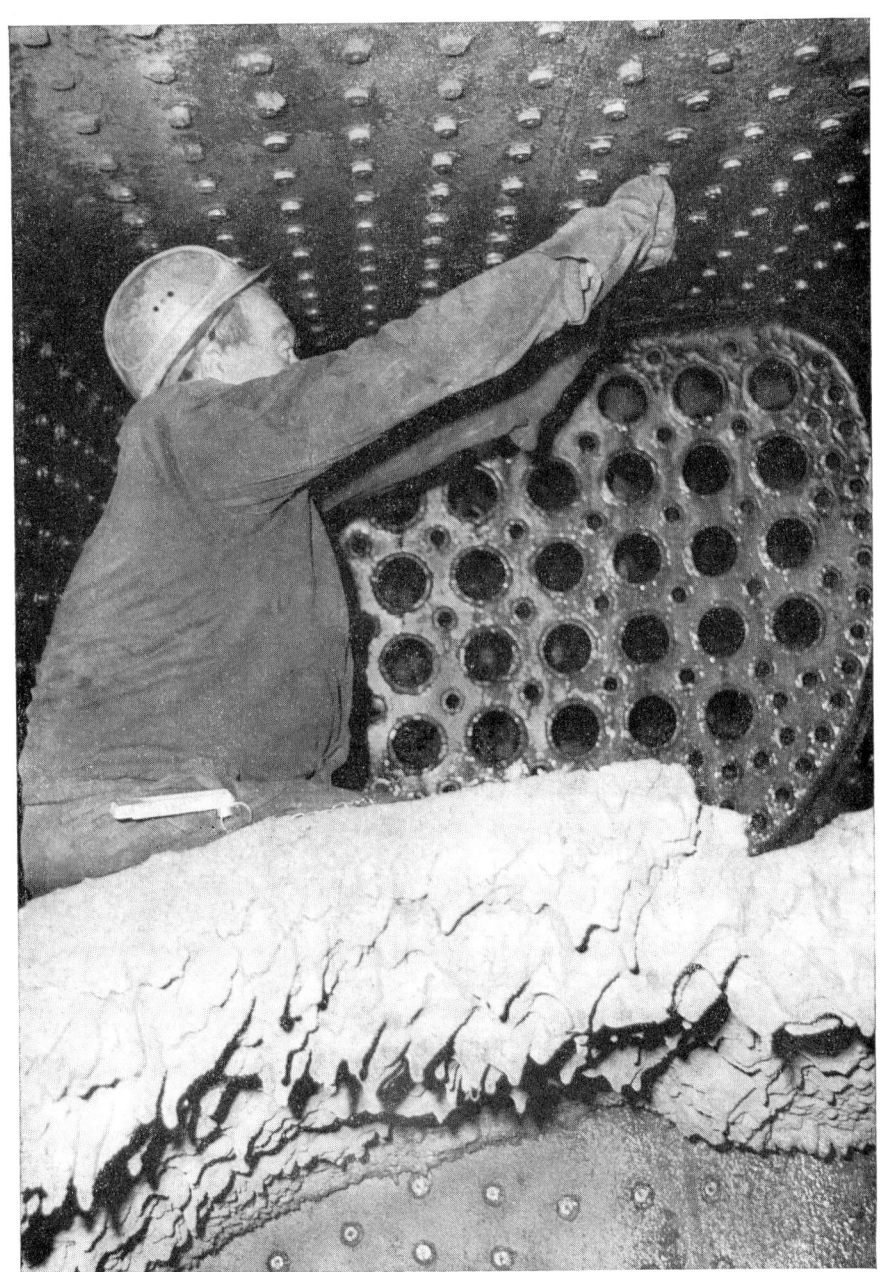

betriebswerk Reichenbach i. V. aufgegriffen und auf deutsche Verhältnisse abgewandelt wurde. Ihr lag der Gedanke zugrunde, daß der Arbeitsumfang der einzelnen Fristarbeiten unterschiedlich und insgesamt so groß war, daß er über das ganze Jahr verteilt werden sollte. Umfangreiche Fristarbeiten konnten aufgeteilt werden (z. B. Kolbenuntersuchungen einer Dreizylinderlokomotive auf drei Planausbesserungstage; Bremsuntersuchungen auf zwei Tage, d. h. am ersten Tag an der Lokomotive, am zweiten am Tender). Das Auswaschen galt ebenfalls als eine einzuord-

Bild 8.44
Reparatur der Antriebs- und Steuerungsbaugruppen.
Foto: Koehler

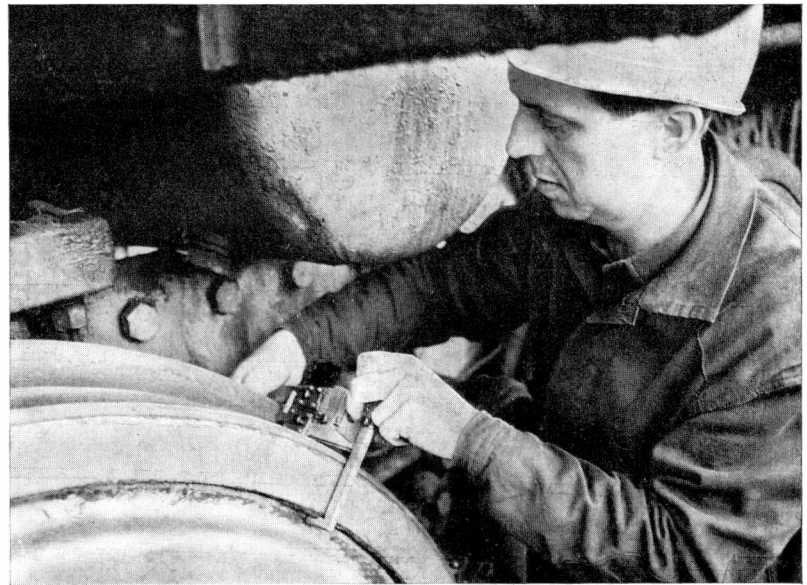

Bild 8.45
Vermessen des
Radreifenprofils.
Foto: Koehler

Bild 8.46
Kolbenuntersuchung.
Foto: Kersten

nende Fristarbeit (!). Abhängig von der Länge der örtlichen Auswaschfristen teilte man alle übrigen Fristarbeiten so ein, daß der Umfang aller zu erledigender Arbeiten an jedem Planausbesserungstag gleich groß war. Die Fristen wurden auf die Jahressolleistung der Lokomotive (Richtwert in Kilometer) und zugleich auf die Kalenderzeit (Höchstwert) bezogen: War die geplante Jahressolleistung noch nicht erreicht, die Kalenderzeit aber abgelaufen, mußte die Fristarbeit durchgeführt werden. Es gab Fristarbeiten, die ohne Bindung an die Lokleistung nach festgelegten, konstanten Zeiträumen auszuführen waren: Auswechseln der Schmelzpfropfen nach drei Monaten, Zwischenbremsuntersuchungen nach sechs Monaten, Regleruntersuchungen nach 12 Monaten.

Die Erledigung aller Fristarbeiten mußte mit Tag und Monat im Nachweis vermerkt werden. Dieser Nachweis ging bei Lokomotivumsetzungen an das neue Betriebswerk mit.

Eine der wichtigsten Untersuchungen, über den Zustand der Lokomotive Klarheit zu verschaffen,

war das Standprüfverfahren. Es wurde immer dann angewendet, wenn man Schäden an der Dampfmaschine (undichte Kolben und Schieber) oder am Triebwerk (ausgeschlagene Achs- oder Stangenlager) vermutete. Um laufend über den Zustand aller dieser Bauteile unterrichtet zu sein, war das Standprüfverfahren vor dem Planausbesserungstage, also mindestens einmal monatlich, durchzuführen. Außerdem war es vorzunehmen, wenn eine längere Zeit kalt abgestellte Lokomotive wieder in Betrieb genommen, und schließlich auch, bevor eine Lokomotive für eine Ausbesserung im Ausbesserungswerk abgestellt wurde. Das Standprüfverfahren wurde von jedem Lokomotivführer beherrscht. Zur Feststellung von Undichtigkeiten an der Dampfmaschine hatte er die Lokomotive so zu verfahren, daß die rechte Treibachskurbel nach hinten und etwa 45° nach oben stand. Die Tender- und die Zusatzbremse waren anzuziehen. Alle Kuppelachsen einer Lokomotive mußten nach vorn und nach hinten mit Radkeilen festgelegt werden. Der Führer legte die Steuerung auf Mitte, den Druckausgleicher in Fahrtstellung (geschlossen) und schloß die Zylinderventile. Dann wurde der untere Bolzen der Voreilhebel entfernt und beide Voreilhebel senkrecht gestellt. Der Führer öffnete den Regler so weit, daß im Schieberkasten ein Überdruck von etwa 0,5 MPa herrschte. Auf der nichtfestgekeilten Lokomotivseite wurde mit Hilfe eines Keiles das hintere Zylinderventil geöffnet und der Voreilhebel mittels eines Einsteckbolzens nach vorn geschoben. Dadurch konnte Dampf in den Zylinder einströmen. Bei undichtem Kolben oder schadhaften Kolbenringen entwich er aus dem geöffneten Zylinderventil. Sicherheitshalber führte man eine analoge Überprüfung der anderen Zylinderseite durch.

Ähnlich ist das Standprüfverfahren zum Feststellen von Schäden am Dampfsammelkasten, den Einströmrohren oder den Überhitzereinheiten durchgeführt worden: Bei angebremster Lokomotive und bei Mittellage der Steuerung wurden Zylinderhähne und Druckausgleicher geschlossen. Wiederum benötigte man etwa 0,5 MPa Überdruck im Schieberkasten. Nun konnte man mit einer brennenden Lunte in der Rauchkammer an der Linse des Dampfsammelkastens, an den Anschlüssen der Überhitzereinheiten und an den

Bild 8.47 Ein alter Hydrant in einem abgerissenen Lokomotivschuppen im Bahnbetriebswerk Wustermark, 1982. Foto: List

Verbindungsstellen der Einströmrohre nach ausströmendem Dampf gesucht werden. Dieser blies dann die Lunte aus.

Spätestens alle sechs Monate war eine Kolben-untersuchung fällig. Die Kolben mußten ausge-baut, gereinigt, auf festen Sitz und Anrisse ge-prüft werden. Bestimmte Schäden an Kolben und Kolbenstangen waren nur im Ausbesserungswerk zu reparieren. Das Bahnbetriebswerk schickte zu diesem Zweck die schadhaften Teile dorthin. Auch die Zylinder bedurften laufender Unter-suchung. Schwerpunkte waren neben dem Zylin-derkörper die Zylinderdeckel, die Zylindersicher-heitsventile, die Ein- und Ausström- sowie Ent-wässerungskanäle und die Schmierlöcher. Wich der Zylinder mehr als 2 mm von der runden Form ab, mußte er im Ausbesserungswerk auf-gebohrt werden. Die Kolbenringe bestellte das Bahnbetriebswerk etwa einen Monat vor der Kol-benuntersuchung im Ausbesserungswerk. Grund-lage waren die Angaben der Abmessungen nach den Meßblättern des Lokomotiv-Betriebsbuches.

Die Kreuzköpfe waren auf Anrisse zu unter-suchen. Die zulässige Abnutzung der Gleitplat-ten, ihrer Knaggen und Mittelzapfen wurde streng überwacht. Trag- und Stopfbuchsen der Kolbenstangen mußten nachgestellt oder gedreht werden (Planarbeit). Die Überprüfung der schädlichen Räume in den Zylindern, deren Ver-änderungen eine Folge z. B. nachgedrehter Kol-benkörper sein konnte, gehörte ebenfalls zu den notwendigen Fristarbeiten an der Dampfma-schine.

Am Kessel und dessen Zubehör waren vor allem die Feuerbüchse mit den Stehbolzen, der Blei-ausguß der Schmelzpfropfen, die Sicherheitsven-tile und der Regler zu untersuchen. Die Wand-dicken der Feuerbüchse durften als Betriebsgrenzmaß nicht unter 8 mm (Kupfer) bzw. 6 mm (Stahl) liegen. Das entsprach $^5/_{10}$ bzw. $^6/_{10}$ der Kesselherstellungsmaße. Die Kontrollbohrungen der Stehbolzen waren monatlich einmal zu prüfen und bei Erfordernis zu öffnen. Schmelzpfropfen mußten alle drei Monate ausgewechselt wer-

den. Die Kesselsicherheitsventile durfte nur ein amtlicher Kesselprüfer nach- oder einstellen. Ausnahmsweise waren dazu auch besonders ausgebildete und verpflichtete Gruppenleiter oder Werkmeister des Bahnbetriebswerkes zugelassen. Die Überwachungsfrist lag bei einem Viertel-

Bild 8.49
Vorbereitung zur Pause. Bahnbetriebswerk Brandenburg, 1983.
Foto: Koehler

Bild 8.50
Der Kessel wurde soeben angeheizt. Bahnbetriebswerk Brandenburg, 1983.
Foto: Koehler

Bild 8.51
Wintertag im Bahn-
betriebswerk Stendal,
1981.
Foto: Koehler

Bild 8.52
Bei Frost abgestellt.
Foto: Koehler

Bild 8.53
Eiszeit vor der Rauch-
kammer . . .

Bild 8.54
. . . und an der Tritt-
leiter.
Fotos: Koehler

jahr. Dazu war ein Prüfdruckmesser erforderlich. Am Regler durfte das Bahnbetriebswerk nur ausgeschlagene Kegel des Hilfsventils austauschen. Ansonsten waren schadhafte Regler auszuwechseln.

Die Leistungsfähigkeit der Pumpen bedurfte einer vierteljährlichen Kontrolle. Während man früher Vergleichsmessungen der Förderleistungen anhand der notwendigen Doppelhübe anstellte, um den Wasserstand von 50 mm auf 80 mm über NW zu heben, wurde später am Feuerlöschstutzen ein Pumpenleistungsprüfer (Escherich-Prüfgerät) angebracht.

Monatlich mußten die Radreifen nachgemessen und die Ergebnisse in die Meßliste eingetragen werden. Alle halbe Jahre waren Federung und Ausgleich gründlich zu reinigen, auf Anbrüche zu untersuchen und die richtige Lage zu prüfen. An den Kolbenschiebern der Heißdampflokomotiven waren alle sechs Wochen, an den Flachschiebern von Naßdampflokomotiven alle vier Monate Untersuchungen hinsichtlich des Verschleißes durchzuführen. Druckausgleicher und Luftsaugeventile, die handgesteuert waren, mußten alle drei Monate, luftgesteuerte alle zwei Monate und selbsttätige Druckausgleichsvorrichtungen alle vier Monate auseinandergebaut und durchgesehen werden.

Höchster Aufmerksamkeit bedurften die Bremsvorrichtungen. Das Ausbesserungswerk führte die Hauptbremsuntersuchungen durch, während im Bahnbetriebswerk im Abstand von sechs Monaten die Zwischenbremsuntersuchungen vorzunehmen waren. Nach ihrer Erledigung wurde die Anschrift am Führerhaus und Tender gegen eine neue ersetzt z. B.: „Letzte Br. Unt. Stl. 2. 10. 83". Die Luftpumpe war alle 12 bis 18 Monate gegen eine aufgearbeitete zu tauschen. Die Leistungsprüfung wurde nach Doppelhüben geförderte Luft in l/min vorgenommen.

8.7. Kalte Lokomotiven

In jedem Bahnbetriebswerk gab es Lokomotiven, die aus den verschiedenartigsten Gründen für längere Zeit abgestellt werden mußten, ohne daß sie betriebsbereit zu sein hatten. Das betraf z. B. Schadfahrzeuge, die auf ihre Aufnahme in das Ausbesserungswerk warteten, Reserveloko-

motiven, die das Bahnbetriebswerk in konserviertem Zustand vorzuhalten hatte oder jene Maschinen, die zum Planausbesserungstage kaltgestellt werden mußten. In allen diesen Fällen hatte das letzte Personal die Kohlevorräte aufzufüllen und den Kessel mit hohem Wasserstand (etwa $2/3$ im Wasserstandsglas) zu versehen. Das Feuer war so zurechtzumachen, daß es langsam abbrannte und alle Wandungen der Feuerbüchse gleichmäßig abkühlten. Das Schlingerstück mußte gelöst werden, um die Längendehnung des Kessels nicht zu behindern. Alle Klappen und selbst der Schornstein waren zu schließen, um Zugluft zu vermeiden.

Bei Frost war der Arbeitsumfang zum Abstellen kalter Lokomotiven um ein vielfaches größer. Zuerst mußte der Speisewasservorwärmer entwässert werden. Sodann waren alle Entwässerungs- und Entlüftungsventile der Kolbenspeisepumpe und der Druckleitung zum Kesselspeiseventil, alle Hähne und Ventile der Rauchkammer-, Aschkasten und Kohlenäßeinrichtung zu öffnen und das Tender- sowie Kesselabsperrventil zu schließen. Die Speisepumpe hatte mit hoher Hubzahl bis zum völligen Entleeren zu laufen. Das Entwässerungsventil jedes Dampfzylinders war anzuheben. Auch die Mischvorwärmeranlage der neuzeitlichen Reko-Lokomotiven mußte entwässert werden; ihr folgte die Luftpumpe. Hilfs- und Hauptluftbehälter sowie alle Tropfbecher waren auszublasen, um das abgesetzte Wasser zu entfernen. Sämtliche Entwässerungshähne mußten offenbleiben. Aus Kessel und Tender mußte alles Wasser restlos abgelassen werden. In die Achslager eingedrungenes Wasser war mit der Ölspritze oder mittels Entwässerungsschrauben zu entfernen, um ein Festfrieren der Schmierpolster zu verhüten. Die Lokomotive war abzuölen. Die Gleitbahn des Kreuzkopfes wurde umwickelt oder eingefettet, weil sonst das Rosten nicht zu vermeiden war. Eine Haube aus festgebundener Dachpappe schloß den Schornstein, die Lichtmaschine und die Kesselsicherheitsventile, wenn das Feuer verloschen war.

Kalt abgestellte Lokomotiven mußten von Zeit zu Zeit bewegt werden, um Lagerschäden durch Rosten zu vermeiden. Dazu benutzte man in der Regel eine unter Dampf stehende Lokomotive. Wenige Meter Bewegung in beiden Fahrtrichtungen genügten.

9. Die Hilfs- und die Feuerlöschzüge

Trotz hochentwickelter Sicherheitstechnik, umfassender Vorschriften, ständigem Dienstunterricht und treuer Pflichterfüllung kam es immer wieder zu Unglücksfällen durch menschliches Versagen, plötzliche Schäden an Fahrzeugen, Gleisen oder anderen betriebstechnischen Anlagen sowie durch Einwirkungen höherer Gewalt. Frühzeitig schuf sich die Eisenbahn Hilfs- und Rettungseinrichtungen und organisierte die Hilfeleistung für Geschädigte, die Räumung der Unfallstelle, die Wiederherstellung zerstörter Bahnanlagen. Eine dieser Einrichtungen ist der im Bahnbetriebswerk stationierte Hilfszug. Er besteht aus drei bis vier Wagen („Hilfsfahrzeugen"), mit denen unterschiedlich vielgestaltige Aufgaben gelöst werden können. Grundsätzlich gehören Gerätewagen und bis etwa 1965 auch ein Arztwagen dazu. Entsprechend den örtlichen Verhältnissen und nach Bedarf kann der Hilfszug auch Kranwagen, Ölhavarie- oder Fahrleitungsgerätewagen sowie

Bild 9.1 Das waren die alten Hilfszüge: Bahnbetriebswerk Wittenberge, 1981.
Foto: Koehler

Bild 9.2
Anschrift an einem aus-
gedienten Hilfszugwagen.
Bahnbetriebswerk Stendal,
1983.
Foto: Koehler

Bild 9.3
Deutschland-Gerät:
Umsetzpumpe und
Hebestempel.
Foto: Koehler

Löschfahrzeuge oder Fahrzeuge mit Umfüllpumpen mitführen. Die Gerätewagen sind mit allen Einrichtungen, Aggregaten und Werkzeugen zur Beseitigung der Unfallfolgen ausgestattet und verfügen grundsätzlich auch über Aufgleisungsmittel.

Zum Aufgleisen von Triebwagen, die eine selbsttragende Wagenkastenkonstruktion aufweisen, benutzt man spezielle Triebwagenaufgleisgeräte, die nur an den besonders gekennzeichneten Stellen des Triebwagens angesetzt werden dürfen. Das Gerät besteht aus vier 12-t-Pratzenhebern niedriger Bauart und je zwei leichten und schweren Spezialbrücken mit Rollwagen für diese Pratzenheber. Seit den sechziger Jahren wird zunehmend ein ölhydraulisches Leichtmetall-Aufgleisgerät eingesetzt. Entgleiste leichte Fahrzeuge bedürfen nicht so komplizierter Geräte. Da genügt bereits ein Aufgleisschuh: der Wagen wird mit einem Drahtseil von der Hilfszuglokomotive über dieses speziell geformte Stahlteil wieder auf das Gleis gezogen. Brenn- und Schneidegeräte, Drucklufthämmer, -bohrmaschinen, -kreissägen, Ketten, Rollen, Seile, Unterleghölzer aus Hartholz, Beleuchtungseinrichtungen und vieles mehr gehören zur Ausrüstung der Gerätewagen. Aufeinandergetürmte Fahrzeuge als Folge schwerer Unfälle müssen mit fahrbaren Kranen (Eisenbahndrehkrane, 6 bis 250 t Tragfähigkeit) vorsichtig entwirrt und aufgerichtet werden, um den Rettungsmannschaften den schnellen Zugang zu eventuell eingeschlossenen Verletzten zu ermöglichen. In allen Reichsbahndirektionen sind deshalb auf bestimmten Bahnhöfen Eisenbahndrehkrane stationiert, die bei Bedarf an die Unfallstelle befohlen werden. Über viele Jahrzehnte hinweg hat sich zum Aufgleisen schwerer Fahrzeuge neben den einfachen Winden das „Deutschland-Gerät" bewährt, das aus folgenden Hauptteilen besteht:

— Umsetzpumpe:	mit Druckluft aus der Lokomotivbremsleitung betrieben; erzeugt den Druck für die hydraulischen Heber; Arbeitsmedium: Wasser; Höchstdruck: 30 MPa; tragbar;
— Teleskop-Hydraulikheber	Tragfähigkeit zwischen 20 und 150 t; gedrungene, kompakte Bauform; Schlauchverbindung zur Umsetzpumpe; tragbar;
— hydraulische Aufgleisbrücken	zum seitlichen Verschieben von angehobenen, aufzugleisenden Fahrzeugen; dazu dient ein mit Wasserdruck betriebener, seitlich auf der Brücke verfahrbarer Rollbock, auf dem der Heber steht; tragbar
— Pratzenheber	Sonderform des Hebers, an dessen Kolben ein Bügel befestigt ist, der unter besonders tief in die Erde eingesunkene Rahmenteile des aufzugleisenden Fahrzeuges geschoben wird, um es danach anheben zu können; tragbar

Außerdem sind zum Aufrichten leichter Fahrzeuge Winden und Kettenflaschenzüge gebräuchlich. Hydraulische Zugeinrichtungen, die zum Entwirren von Trümmern etwa 30 t Zugkraft aufbringen, verwendet man auch zum Ziehen ganzer Zugteile.

Der Arztwagen im Hilfszug war solange eine unbedingte Notwendigkeit, wie es nicht garantiert war, den Verunglückten auf schnellerem Wege (per Straße oder Hubschrauber) unverzüglich medizinische Hilfe bringen zu können. Es konnten je nach Ausstattung des Arztwagens sogar operative Eingriffe vorgenommen werden. Ferner stand den Verletzten eine begrenzte Anzahl von Betten im Hilfszug zur Verfügung. Ein Arzt und mehrere Sanitäter begleiteten den Hilfszug.

Ein Mannschaftswagen gewährt den dem Hilfszug zugeordneten Eisenbahnern Aufenthalt und Unterkunft. Er führt Verpflegung für einen längeren Einsatz und Schutzbekleidung mit.

Der Hilfszug ist ständig auf einem speziellen Hilfszugleis aufgestellt. Bis hierher stimmte die Beschreibung des „historischen" Hilfszuges aus der Dampflokomotivzeit mit dem Hilfszug für moderne Traktionsmittel überein.

Die Abweichungen zur Zeit des Dampfbetriebes bestanden in der jahrzehntelang geltenden Vorschrift, daß ein Hilfszug mit Arztwagen ständig von einer unter Dampf stehenden Lokomotive bespannt sein mußte. Im Winter war er unablässig zu beheizen. Das Lokomotivpersonal hatte die Bereitschaftszeit auf der Lokomotive zu verbringen. In jedem Bahnbetriebswerk gab es eine umschichtige Hilfszugbereitschaft, die jeweils über

Bild 9.4
Der Feuerlöschzug der
Harzbahnen, Bahnbe-
triebswerk Wernigerode-
Westerntor, 1983.
Foto: Koehler

Bild 9.5
Kesselwagen zum
Feuerlöschzug. Bahn-
betriebswerk Werni-
gerode-Westerntor,
1983.
Foto: Koehler

eine Woche dauerte und die sich über den Leiter (Dienststellen-, Gruppenleiter) und die Mannschaft sowie das zugeordnete medizinische Personal erstreckte. Nach der Alarmierung hatte die Besatzung 15 Minuten Zeit, die volle Einsatzbereitschaft des Zuges herzustellen. In jedem Jahr fand ein vollständiger Probealarm mit Übungseinsatz zum Training statt.

Etwa Mitte der sechziger Jahre verschwanden die Arztwagen infolge der Neuorganisation des medizinischen Dienstes. Zugleich entfiel die Dauerbespannung, und die für den Hilfszug reservierte Lokomotive konnte auch auf einem gesonderten Gleis in Bereitschaft stehen. Die Hilfszüge wurden bei der Deutschen Reichsbahn in den siebziger Jahren weitestgehend modernisiert und in der Einrichtung und Ausstattung vereinheitlicht. Jedes Zugende besitzt seitdem ein Steuerabteil, und der Zug kann auch geschoben dem Zielort zugeleitet werden. Im Winter wird er nach wie vor beheizt — nunmehr aber elektrisch.

Der Feuerlöschzug hat ebenso an Bedeutung verloren wie der Arztwagen, seitdem es im Zusammenwirken mit den örtlichen Kräften möglich ist, Unfallfolgen rasch zu beseitigen und Verletzte mit Kraftfahrzeugen schnell in die nächstgelegenen Krankenhäuser zu bringen. Doch gibt es auch heute noch mögliche Brandherde, die allein von der Eisenbahn schnell erreicht werden können, z. B. im Gebirge. Denken wir nur an den Streckenverlauf der Harzbahnen. Unwegsames Gelände verbot das Anlegen von Straßen. Wenn am Schienenstrang der Harzquerbahn ein Brand ausbricht, muß der Feuerlöschzug des Bahnbetriebswerkes Wernigerode-Westerntor in Aktion treten!

Früher gab es in jedem Bahnbetriebswerk einen Feuerlöschzug. Er war erkennbar an der flammend roten Farbgebung und bestand aus einer Anzahl Wasserwagen (oftmals ausgediente, entsprechend umgebaute Tender), den Gerätewagen und den Mannschaftswagen. Genau wie beim Hilfszug erfolgte sein Einsatz als Sonderzug. Nebenbei sei vermerkt, daß auch jede Dampflokomotive zum Feuerlöschen eingesetzt werden konnte, denn sie verfügte über den schon mehrfach erwähnten Feuerlöschstutzen, ein Rohr am Kesselspeiseventil mit einem Gewindestutzen, der mittels Überwurfmutter und Pfropfen verschlossen war. Das Ventil mußte zu diesem Zweck geschlossen werden. Der Feuerlöschschlauch kam an den Rohrstutzen, und mittels der Speisepumpe beförderte die Lokomotive ihr Tenderwasser über die Schlauchleitung an die Brandstelle.

10. Schneeräum- und Eichfahrzeuge

Schneefall behinderte zu allen Zeiten den Betriebsablauf der Eisenbahnen, vor allem durch das Zuwehen von Bahn- und Sicherungsanlagen. Er erschwert die Sicht der Personale im Fahr- und Stellwerksdienst. Während auf den Bahnhofsanlagen die Weichen ständig im Zungenbereich ausgekehrt wurden, räumte man die anderen Bahnhofsgleise nur dort, wo die Schneemassen sonst nicht mehr durch die an den Lokomotiven angebrachten Schneeräumer beiseitegeschoben werden konnten. Verwehte Strecken mußten von speziellen, früher dem Bahnbetriebswerk zugeordneten Fahrzeugen geräumt werden. Heute ist diese Aufgabe an die Bahnmeistereien übergegangen.

Bild 10.1 Schneepflug, entstanden auf dem Fahrgestell einer alten 2 ′B-Lokomotive. Erfurt, 1982.   *Foto: Koehler*

Bild 10.2
Rückansicht des
Schneepfluges. Erfurt,
1982.
Foto: Koehler

Bild 10.3
Schmalspurschneepflug.
Bahnbetriebswerk
Wernigerode-Western-
tor, 1983.
Foto: Koehler

Die ältesten und bei den deutschen Bahnen am weitesten verbreiteten Schneeräumfahrzeuge waren die Schneepflüge. Dazu rüstete man oftmals die Fahrgestelle ausgemusterter Lokomotiven mit Blechaufbauten (Befehlsstand, Ballastbehälter) und beweglichen großen vorderen und gegebenenfalls kleineren hinteren Pflugscharen aus. Als Schneepflüge konnten aber auch eigens zu diesem Zweck gebaute Sonderfahrzeuge benutzt werden. Jeder Schneepflugeinsatz galt fahrdienstlich als Hilfszugsperrfahrt mit maximal 30 km/h. Eine oder auch mehrere Lokomotiven schoben den Schneepflug. Der Schneepflug teilte die vor ihm befindliche Schneemenge in seiner Pflugscharbreite und preßte je eine Hälfte zu jeder Seite nach außen. Es entstanden regel-

rechte Schneegassen in der erforderlichen Profilbreite. Die beweglichen Pflugscharen mußten an besonderen Stellen, die durch die Schneepflugtafeln gekennzeichnet waren, angehoben werden. Das betraf vor allem Bahnsteigkanten, Wegübergänge und Gleisabschnitte, die eine unzureichende Profilfreiheit aufwiesen. Der Schneepflug wurde mit der schiebenden Lokomotive gekuppelt. Scheinwerfer und Signalpfeife wurden von der Lokomotive mit Energie versorgt; ebenso war die Kabine für das Schneepflugpersonal beheizbar. Zur Lokomotive bestand eine Signalverbindung über Lichtsignale.

Schneeschleudern waren im Gegensatz zum Schneepflug in der Lage, die aufgenommenen Schneemengen seitlich aus dem Gleisbereich weit

Bild 10.4
Schmalspurschneeschleuder.
Bahnbetriebswerk Wernigerode-
Westerntor, 1983.
Foto: Koehler

zu entfernen. Dazu diente ein von einer Dampf-maschine angetriebenes, rotierendes Schaufelrad, das in einer Abdeckung lief und in den Schnee hineingedrückt wurde. Auch die Schneeschleuder mußte von einer oder mehreren Lokomotiven ge-schoben werden, hatte aber eine eigene Kessel-anlage und einen Tender; der Kessel diente aus-schließlich zum Antrieb der Dampfmaschine für die Schleudereinrichtung. Der Einsatz der Schnee-schleuder galt ebenfalls als Sperrfahrt; bei den zweigleisigen Strecken mußte das benachbarte Gleis gesperrt werden.

Entsprechend den klimatischen Gegebenheiten waren auf den deutschen Bahnen überwiegend Schneepflüge im Bestand. Im Gebirge, so z. B. beim Bw Kempten, mußten aber auch Schnee-schleudern zwingend vorgehalten werden.

Völlig anderen Zwecken dienten die Eichfahr-zeuge. Das waren Spezialfahrzeuge für das Eichen der Gleiswaagen. Auf den Gleiswaagen konnte die Masse von Schienenfahrzeugen – vorrangig Güterwagen – festgestellt werden. Die Höchstmasse der zu wiegenden Fahrzeuge be-trug 80 t, bei Verbundwaagen sogar 120 t. In früheren Zeiten wurden im Bereich der Ortsgüter-anlagen Gleiswaagen mit etwa 40 t Belastung eingebaut. Darauf war auch der Aufbau der Eichfahrzeuge zugeschnitten: am gebräuchlich-sten war das dreiachsige Eichfahrzeug mit 40 t Gesamtmasse. Die Fahrzeuge hatten in der Re-gel eine Eigenmasse von 27 t (einschl. Tarierbe-hälter). Dazu zählten neben dem Wagenrahmen, den Radsätzen und Blechaufbauten auch Ballast-teile, wie Platten aus Gußeisen oder sogar aus Blei. Die Zuladung an Eichmasse betrug dem-zufolge 13 t, die in Form von sogenannten „be-weglichen Normallasten" vorhanden waren. Diese umfaßten eine geringe Zahl von Einzel-massen (mind. 1 t) und Massengruppen. Jede Einzelmasse war ein runder Körper von 50 kg mit Tragegriff. Die Gruppen dagegen umfaßten 20 Massenteile zu 1 t.

Der auf dem Eichfahrzeug nicht unterzubringende Teil der Gruppenmassen wurde auf dem Eich-gerätefahrzeug mitbefördert. Das war meist ein umgebauter alter Personenwagen. Er transpor-tierte alle zum Eichen einer Gleiswaage notwen-digen Geräte und Werkzeuge. Später wurden auch vierachsige Eichfahrzeuge gebaut. Sie tru-gen verschiebbare, rollenförmige Eichmasse-stücken von 1 bis 1,5 t. Mit diesen Massestücken und dem Gewicht des Wagenkastens waren Waagenbelastungen von 30 bis 50 t möglich. Beim Eichen nicht benötigte Massestücke wurden vorher vom Fahrzeug abgesetzt. Andererseits war es notwendig, mehr Massestücke mitzufüh-ren, als es die zulässige Achskraft von 15 t wäh-rend der Überführungsfahrt zur Waage zuließ. Dann dienten Eichbeiwagen (dreiachsige G-Wa-gen) zum Aufnehmen der zusätzlichen Masse-stücke. Um die schweren Eisenteile leichter vom und zum Eichfahrzeug bewegen zu können, ver-fügte der Beiwagen über Stirnwandtüren, und Hebezeuge beförderten die rollenförmigen Stücke über die Pufferbohlen zum Eichfahrzeug.

11. Betriebsbuchauszüge

Im folgenden werden einige Auszüge aus dem Betriebsbuch der 52 237 reproduziert. Das Betriebsbuch begleitete jede Lokomotive, wie schon an anderer Stelle erwähnt, quasi als Stammbuch vom Verlassen des Herstellerwerkes bis zum Verschrotten. Alle Vorkommnisse im „Leben" der Lokomotive wurden hierin festgehalten.

Die 52 237 ist 1943 bei Schwartzkopff in Wildau bei Berlin gebaut und am 15. 2. 1943 von der Deutschen Reichsbahn-Gesellschaft abgenommen worden, die sie der damaligen Reichsbahndirektion Oppeln zuordnete.

Da das Betriebsbuch der 52 237 nicht vollständig erhalten ist, läßt sich das erste Bahnbetriebswerk nicht feststellen. Bekannt ist nur, daß das Bahnbetriebswerk Warschau im Mai 1944 die Lokomotive vom Kriegseinsatz in der Sowjetunion zurückmeldete. Danach verliert sich ihre Spur erneut bis auf den Hinweis, daß sie im Februar 1945 vom damaligen Bahnbetriebswerk Kattowitz in Oberschlesien an die Reichsbahndirektion Villach in Österreich abgegeben wurde. Offenbar war sie zum Kriegsende noch dort, denn die Österreichischen Eisenbahnen übernahmen die Lokomotive als 52.237, also unter der alten Reichsbahnnummer; sie wurde nach Bildung der Österreichischen Bundesbahnen (ÖBB) in 152.237 umgeändert. Unter dieser Betriebsnummer wird sie im Betriebsbuch seit 1953 geführt. Das Betriebsbuch beginnt mit den Eintragungen durch die Werkstätte Knittelfeld ·im November 1946. Von diesem Zeitpunkt ab (14. 11. 1946) ist der „Lebensweg" der Lokomotive wieder lückenlos nachweisbar. Die Maschine war in den Bahnbetriebswerken Villach, Stadlau, Linz, Wien-Ost-bahnhof, Wien-Nordwest, Wien Franz-Joseph-Bahnhof, Wiener Neustadt und Amstetten beheimatet. Zwischendurch wurde sie regelmäßig der Hauptwerkstätte Knittelfeld zugeführt. Werk-

stattaufenthalte sind auch aus Linz und Straßhof überliefert.

Im Betriebsbuch sind vier Erhaltungsabschnitte ·nachgewiesen. Die Maschine hat 1950, 1955 und 1963, wie es aus dem Kesselverzeichnis hervorgeht, einen anderen Kessel erhalten. Mindestens zweimal ist auch der Tender ausgewechselt worden, denn sie wurde mit dem Tender der 52 7214 und später dem der 52 6893 gekuppelt.

Am 14. 10. 1972 endete im Betriebswerk Stadlau der Standort- und Leistungsnachweis.

Aus der Fülle der vorgenommenen Untersuchungen und Ausbesserungen sowie der Arbeiten im Bahnbetriebswerk und in der Hauptwerkstätte seien hervorgehoben:

13. 4. bis 15. 4. 1953:	Bahnbetriebswerk Wien-Nordwest behebt Unfall-schäden vorn rechts an der Lokomotive Hauptwerkstätte
30. 11. 1953 bis 20. 1. 1954:	Knittelfeld nimmt Teilausbesserung vor und baut u. a. eine Heinl-Speise-pumpe ein (bisher zwei Dampfstrahl-pumpen)
6. 2. bis 27. 3. 1957:	Bahnbetriebswerk Amstetten baut Giesl-Ejektor ein

Aufschlußreich sind auch die Aufschreibungen im „Monatsnachweis über die Verwendung, Leistung und Ausbesserungskosten im Bw", einem weiteren Bestandteil des Betriebsbuches, dem „Betriebsbogen für Lokomotiven". Er liegt als Hilfs-Betriebsbogen mit Eintragungen ab Juli 1945 vor. Demzufolge war die Lokomotive z. B. im gesamten Jahre 1946 nur zehn Tage im Betrieb und wartete ab Ende Februar bis zum 14. November auf die Zuführung zur Hauptwerkstätte. Nach der schon erwähnten Zwischenausbesserung ist sie am 15. 3. 1947 an das Bahnbetriebswerk Villach übergeben worden, wo sie bis Dezember 1947 18 364 km, bis Dezember 1948 30 754 km, bis Dezember 1949 68 990 km zurücklegte. Die monatlichen Lokomotivkilometer schwankten zwischen 446 km und 5 107 km! Die monatliche Beförderungshöchstleistung lag im April 1949 bei 2,783 Millionen Tonnenkilometer.

Möge mit diesen Betrachtungen das Erläutern der Aufgaben, der baulichen Ausführungen und der vielfältigen Arbeiten im Bahnbetriebswerk zur Dampflokzeit abgeschlossen sein. Wir haben kaum noch Gelegenheit, das Gelesene im modernen Bahnbetriebswerk wiederzufinden. Vieles ist unwiederbringlich gewichen.

Wir sehen die Aufgabe dieses Buches darin, das Wirken der vielen unsichtbaren Helden des Schienenstranges so darzustellen, wie es weit über ein Jahrhundert Dampflokzeit hinter den Kulissen alltäglich war.

12. Literaturverzeichnis

Autorenkollektiv: Die Dampflokomotive. 2. Auflage, Berlin 1965

Autorenkollektiv: Der Lokheizer bei der Deutschen Reichsbahn. 2. Auflage, Leipzig 1959

Autorenkollektiv: Lokomotiv-Betrieb. Heft 2: Die baulichen und maschinellen Anlagen des Bahnbetriebswerkes. 2. Auflage, Leipzig 1955

Arbeitsschutzanordnung 351/1: Deutsche Reichsbahn. Berlin 1967

Betriebsbuch für die Dampflokomotive 52 237.

Brockhaus ABC Naturwissenschaft und Technik. 13. Auflage, Leipzig 1980

Der Modelleisenbahner. Div. Jahrgänge. Berlin

Eisenbahn-Jahrbuch. Berlin 1964

Eckhardt: Die Konstruktion der Dampflokomotive und ihre Berechnung. Berlin 1952

Erlemeier; Kempe: Die Lokomotivführerprüfung. 8. Auflage, Reichenberg 1944

Griebl; Schadow: Verzeichnis der deutschen Lokomotiven 1923—1963. Wien 1965

Helmholtz; Staby; Metzeltin: Die Entwicklung der Lokomotive. Reprint, Leipzig 1981

Hundert Jahre deutsche Eisenbahnen. 2. Auflage, Leipzig 1938

Kalinowski: Lokomotiv-Betrieb. Heft 3: Die Arbeit im Bahnbetriebswerk. Leipzig 1952

Kalinowski: Lokomotiv-Betrieb. Heft 1: Das Bahnbetriebswerk und die Lokomotivbehandlungsanlagen. 2. Auflage, Leipzig 1952

List: Kleinbahnen der Altmark. Berlin 1979

Lueger: Lexikon der gesamten Technik und ihrer Hilfswissenschaften. Bände III und VI, 2. Auflage. Leipzig um 1908

Maedel: Dampflokomotiven geliebt und unvergessen. 2. Auflage, Stuttgart 1976

Niederstraßer: Leitfaden für den Dampflokomotivdienst. 7. Auflage, Leipzig 1950

Pierson: Kohlenstaub-Lokomotiven. Stuttgart 1967

Schneider: Maschinentechnische Anlagen der Bahnbetriebswerke. Berlin 1982

Tesch; Holzbecher: Katechismus für die Prüfungen zum Lokomotivheizer, Maschinenwärter und Lokomotivführer. 10. Auflage, Berlin-Zehlendorf 1905

transpress Lexikon Eisenbahn. 6. Auflage, Berlin 1981

Weisbrod; Brozeit: Baureihe 44. Berlin 1983

Wilke: Unregelmäßigkeiten im Lokomotivbetrieb. Leipzig 1959

Wilke: Behandlung der Dampflokomotiven und Tender im Betrieb. Leipzig 1958